東山文集005

黃老師答問

修學佛法百問答

黃勝常◎著

目錄

老前輩吳立民（信如）老師序

黃勝常先生自述學佛因緣，乃閱讀趙樸初大德《佛教常識百問答》而入佛的，因此也學趙樸老用問答形式寫了好幾部書，此本《修學佛法百問答》即是其中之一，私淑有自，亦可謂修有所承，學有所源矣。趙樸老生前常誡余云，「子曰：『德之不修，學之不講，是吾憂也。』吾于佛教，亦如是說。」可見樸老憂民憂世之心，愛國愛教之切。弘揚正教正見，批判邪說邪害，不僅爲現前建設精神文明之所必需，亦爲依法治國，以德治國之所當務。詳讀黃先生此書之後，啓發我對「何謂佛法」這一佛法根本問題的深思，爰錄昔日所作《中國文化與佛教》中對此根本問題之回答，爲修學佛法進一言，以求教於黃老師和廣大讀者允可，並以爲序。

佛爲一大事因緣出世，說法四十九年，所爲何事？即爲人類人生解決一最大根本問題，即所謂「了生死」問題。人之所以流轉生死，乃由於人之無明造作，是名爲迷，如能修學佛法，證得般若，是名爲覺。佛者覺也，即覺悟之人也。水流下，火炎上，性也，覺此一切性之本不生是謂覺性。覺性爲人人所本具，所以人人皆可成佛。般若即人人本具有之覺性。佛教認爲，世界萬事萬物都是緣起緣生的，而緣起緣生之萬法是無自性的，是無常的，是要按照它自身的規律而成、住、壞、空和生、住、異、滅的。所以佛教學說，簡要概括，即「緣起性空」。緣起由於業力，性空就是般若。就人而言，人之業力緣起在於無明，人之般若性空在於智慧。智慧與無明正好相對，本體雖一，表相則二。無明則迷，智慧則覺。般若與業力是一而二，二而一的統一體。佛教小乘的根本教義在業力，大乘的根本教義在般若。小乘講「三法印」，大乘講「一實相印」。講「一法印」即融合了「三法印」，說大乘即包融了小乘，談般若即融合了業力。故佛法的根本在般若，佛法的眞理就是般若。般若是平等的，以行願境不同而有果位之不同。無我爲人而行般若（即使衆生都覺悟，都了生死）是大乘，祇知自利而行般若（即祇求個人覺悟，個人了生死）是小乘。修顯了實相般若是顯教，修秘密理趣般若是密教。在生活中了生死是世法，在了生死中生活是出世法。般若是圓融的，所以佛法是圓融大小乘，圓融顯密教，圓融世法出世法的。它是教導所有衆生都能「在生活中了生死，在了生死中生活」，轉化五濁惡世爲「人間淨土」。所以佛教的眞正了義是積極的、入世的。它的本質精神就是「我不入地獄，誰入地獄」，「衆生有一不成佛，我不成佛」，「度盡六道衆生，而無得度者」，這是徹底無我爲人的大乘菩薩道，是究竟緣起性空的般若法。所以佛法講般若是空，又不是空，空而不空，不空而空，謂之空不空。眞空而妙有，有體有相有用，有眼耳鼻舌身意，有色聲香味觸法。妙有而眞空，不生不滅，不常不斷，不一不異，不來不去，圓滿具足，眞實不虛，不可言說，不可思議，強名之曰般若。不可言說而說之者，皆譬語也。故一切經論皆是譬語，不可執著。佛教觀察一切問題，都是從唯一眞理——般若上聯係到無窮的方面去，以般若觀察一切實相，就是圓融無礙行布，行布不礙圓融。所以佛教常用「佛法」一詞，佛法就是般若，般若就是佛法。

以上是按佛教自己的說法來說明佛法。那麼，佛法是宗教，是哲學，還是什麼？佛教對這個問題，也有他自己的看法。學佛的人，具有宗教信仰，行著宗教儀式，怎能不說佛法是宗教？佛教誕於印度，從諸古宗教中挺出，與印度婆羅門教、印度教相消長，傳至中國便與道教儒家爭論先後，辨別異同，至今又與天主教、伊斯蘭教同被列爲世界三大宗教。宗教不是壞名詞，故從來學佛者，未曾辯論佛法不是宗教，而是爭論佛教是一切宗教中最高之宗教。隨著社會發展、科學進步，宗教含有迷信成分，受到批判，於是弘護之人，標榜佛法不是宗教而是哲學，編纂經典、整理掌故、考證眞僞、研究學術，說佛教哲學是一切哲學中最高之哲學。這大都是站在佛學者立場而言的。於是又有站在學佛者立場上來批評，認爲研究學術，弘揚佛學，其功自不可沒，然而佛學不與實際學佛結合起來，丟掉了學佛是「了生死」的本分大事，未免南轅北轍，研討失向。自清末以來，謀振興佛教或佛教革新者，實不乏人。唯心唯物諍辯、玄學科學論戰，眞正學佛的人，對以哲學、科學來衡量佛法之眞諦，總不免異議。於是乎佛法又從而爲非宗教非哲學，或亦宗教亦哲學。

佛法究爲何物？從佛法本身言，若說皈依、受戒、灌頂等等儀式是佛法，則釋迦未生前，印度婆羅門教早有此等儀式。若說輪迴、業力、解說等等名義是佛法，則佛教未誕前，印度古代典籍如《吠陀》、《奧義》諸書以及印度外道早有此等名義。若說瑜珈、禪定、修法是佛法，則佛法未傳前，印度宗教學派也早就有此等修行。佛法本身，可說一無所有，可說沒有一點東西。佛說法四十九年，最後佛說他一字未說。若有人說佛說法，此人即是謗佛。佛法不但一無所有，沒有一點東西，就連這「一無所有」也「一無所有」，連「沒有一點東西」的沒有也沒有。這「一無所有」的「一無所有」，這「沒有」的「沒有」，「翻過來就是無所不有」。這就是不可言說不可思議的般若。一切外道儀式、名義、修法等等，歸於般若，都變成佛法，一切佛法之修持、教化、儀軌等等，離開般若，都變成外道。如此說來宗教根本於般若，便是佛法之宗教，哲學證入於般若，便是佛法之哲學。若論佛法本身之「一無所有」和「沒有」，豈祇非宗教非哲學，簡直就是不可言說，不可思議。因爲佛法本身是「不立一法，不破一法」，而又是「有法皆立，無法不破」的，是「泯四句，絕百非」的，即是「一無所有」而又是「無所不有」的，是「一貧如洗」、「一寒徹骨」，而又是「華嚴富貴」、「重重無盡」的。說佛法是宗教可，說佛法是哲學也可，說佛法是非宗教非哲學，或者說亦宗教亦哲學也無何不可。翻過來說，說佛法是宗教不對，說佛法是哲學也不對，說佛法是非宗教非哲學，或者說亦宗教亦哲學，也沒什麼對。此非朦朧瞞盱，也非圓滑詭辯。說它唯心，它卻物在，說它詭辯，它卻辯證；說它神秘，它卻現實；說它迷信，它卻眞理；說它性不確定，它卻恆常如實，確定無疑；說它無質規定，它卻其中有物，眞實不虛；說它相對主義，它卻一實中道，不落兩邊；說它彼岸兩重，它卻二世圓融，不即不離；說它唯我神我，它又自性空；說它畢竟空，它又方便有。如此不可究竟，才正是佛法之眞實，才正是佛法之圓滿，才正是佛法之具足。佛教自身就是這樣看待佛法的。正因爲如此，佛法是不可毀的，能夠毀了的絕不是佛法。

吳立民
新世紀第一春於京華

序者介紹

吳立民上師，一九二七年生，祖籍湖北陽新，號吳明，法號信如。現任中國佛教文化研究所所長兼研究員，中國宗教學會副會長。

他是當今惟一證「大阿闍黎位」的漢人上師，他法貫顯、密二宗（包括東密、藏密），學兼釋儒道三家。

他自幼從湖南長沙二學園掌法顧淨緣修學，深得乃師心要。平生博覽諸經，尤其精于《大日如來經》、《大般若經》、《大般涅槃經》、《藥師琉璃光七佛本願經》等顯密經典的法要解悟。

一九九四年陝西法門寺，佛指舍利塔地宮被重新發現，其中重要的「唐密曼荼羅」無人能解，結果還是得請吳老出馬完全破解其中奧秘。接著他又爲法門寺地宮莊嚴設計，并爲法門寺博物館，設計了唐密文化陳列館。此前，他還曾爲北京佛牙舍利塔地宮，作了莊嚴設計。

他平日在中國佛學院當教授，帶研究生。多次應邀出國到法國、日本、新加坡、韓國等地講學。除了忙于弘法講學，他也勤于寫作，可謂著作等身。他的大量寫作中，光是已出版的就有：《藏密大圓滿發微》、《印度古代學術思想述要》、《藥師經法研究》、《地藏經法研究》、《佛法禪定論》、《藏傳密教與人體科學》、《佛教與中國文化》、《唐密曼荼羅研究》、《船山佛道思想研究》、《周易象術研究》等。

上師不只忙于講、勤于寫，還大量地編。他是兩本重要佛學雜誌——《佛教文化》、《佛學研究》的主辦與主編。此外，他還主持編輯出版大部頭的佛學叢書——《佛藏輯要》和《中國佛教文化叢書》。

上師的學養和證悟，在佛教末法時期的今日，實在極爲稀有難得，他待人卻又十分慈祥和藹，與後輩論法論學更是謙虛平易。

他的身體并不很好，還在百忙之中，爲我們東山講堂出的每一本書，耐心作序。他老的序文，全無應酬文字，而是以法相接應、以道相導引，對後進提攜鼓勵的深心厚意，令人感動。

我們特此爲文，向上師表達感激和敬意！

東山講堂編輯部敬識

二〇〇一年一月廿一日

黃老師序

想當年，趙樸老一本《佛教常識百問答》竟開啟了我一生的佛緣，我對這「百問答」的書名也連帶起了好感。

當時的我，正忙於作生意，爭奪名聞利養，若是遇上大部頭的佛書，一定沒時間、沒心情去好好讀。這一問一答就是一個獨立單元，心理壓力自然減輕，把書買回去，就立刻開始讀，沒想到，一向閱讀速度極慢的我，竟一口氣把樸老的書給讀完了。心中起了大震撼，這一來，決定了我此生專心學佛，不求餘物的道路。

因此我也一直想以「百問答」的形式出幾本書。這次，在東山講堂老同學吳江南、梁緒華、雷靜、高繼梅、朱正紅、黃昌瑛的勤奮工作下，終於實現了這個願望。

除了本書以外，這次還同時出了另一本書《佛法與人生百問答》，連同《地藏本願經——白話講解及地藏法門》、《未曾有說因緣經——白話講解及經法研探》、《學持戒》，總共五本書，計劃在北京與台北兩地同時出版。

由於在不到一年的時間內，要趕出五本書，講堂的新同學范苑兒、葉淦華兩人，還有剛從病榻上死裡逃生的高唯峻，以及台北工作室的同學們，也全力投入了校閱的工作，趙無逸、蕭志斌、韓國強及應業蘭等幾位都幹得十分辛苦，大家協作的精神，更令人感動。

我們素來尊敬的老前輩吳立民（信如）老師，更在百忙之中，費心爲我們作了最後的檢視，還親自爲每本書寫下了序文，充分發揮了對後學提攜鼓勵的作用，更示現了諸佛菩薩「布施、愛語、利行、同事」——「四攝法」的慈悲精神。

這本書的題材，取自我近兩年來書信往返以及談話的紀錄，因此編輯整理的工作相當繁重。由於我個人智慧微淺，再加上時間倉促，定然免不了還有疏漏和錯誤，但參與工作的每一位，的確已作了最好的設想和最大的努力。

我將以眞誠的慚愧心，來面對此書所將出現的一切缺失和差錯，並以更大的精進心，來答報佛恩以及讀者的護念。

願以此書與一切想學佛、初學佛的朋友們結上佛緣。

願以此書向一切大德老修求教。

願以此書恭敬供養三寶！

勝常

二ＯＯ一年三月二十五日

識於美國華盛頓州雲霓山東山講堂

一、問：要怎麼樹立對佛法的正信呢？

◎答：

要自問：

「我到底信什麼？不信什麼？

我信一切世間法嗎？若信世間法，就不信佛法！

我信身、命、財三不堅法是無常虛幻的嗎？如果眞信，爲什麼還攀緣不捨呢？

我眞信法身、慧命、法財三堅法是堅固的嗎？三堅法有多眞實呢？

是己意己力可信？還是諸佛菩薩的智慧力、功德力、慈悲力、加持力、神通力可信呢？」

如果正信之根不解決，願東願西也是假的，只是欺誑如來、欺誑眾生。因爲，我們會願自己所不信的嗎？當然不會！我們的所願、所念，一定是我們所信的。所以，一定要把信什麼、不信什麼弄清楚，正信之根才能樹立。

二、問：
什麼叫提起正念？

◎答：
提起正念，就是要念：

「我到底信什麼？不信什麼；
我到底願什麼？不願什麼；
我到底捨什麼？不捨什麼；
我到底戒什麼？不戒什麼；

我到底忍什麼？不忍什麼。」

就是常常檢視並提醒自己的信、願、捨、戒、忍。

但這正念不是那麼容易建立的，因爲沒有念根。沒有念根，是因爲沒有信根；信根是念根的前提，也是念根的資糧；沒有正信爲因，就不得正念之果。

三、問：難道一定要持戒，才學得會佛陀的言教和身教嗎？

◎答：

是的。首先，廣泛地說：戒是鎧甲、戒是登梯、戒是柱杖、戒是警惕、戒是總持。

具體來說，我們是爲了達到不同的目的而持戒。我們想達成什麼目的，就得持什麼戒，不持這樣的戒，就達不成這樣的目的。

再說，戒是規定我們與一切人事物互動的軌律——遊戲規則。我們想要成就什麼樣的互動效果，就非得持什麼樣的戒不可。

我們的希求（願）是因，持的戒是緣，願的實現是果。這就是持戒的因緣果法。

四、問：為什麼有疑？

◎答：

不明不解則疑；錯誤認定則疑；陌生則疑；對己對人無信則疑；有負於人則疑；怕有傷害則疑；心無決定則疑；見不到底，不明究竟則疑；對真善美的追求無所謂則疑。

五、問：

疑而不解會怎麼樣？

◎答：

疑使人猶豫；疑使人不安躁動；疑使人思量惡事；疑使人恐怖；疑使人不能冷靜判斷真假、是非、善惡、好歹。

六、問：什麼樣的人常有疑？

◎答：

自欺欺人的人疑；惡念常起，傷害心重的人疑；懦弱懈怠的人疑；安於愚鈍昏暗的人疑；自以為是，剛強難化的人疑；見識膚淺，心量狹劣的人疑。

七、問：

疑的對像是什麼？

◎**答：**

疑人、疑事、疑物、疑神、疑鬼、疑佛、疑法、疑僧、疑戒、疑己、疑過去、疑未來。

八、問：

如何破疑？

◎**答：**

先問問自己：願不願、敢不敢、能不能去把所疑搞明白、搞徹底？

如不能，找善知識開解示導；如不敢，找善友協助、支援、打氣；如不願，沒救了。

第八問

九、問：佛教如何破疑立信？

◎答：

簡說只有四個步驟：一、近善知識；二、能聽法；三、思惟義；四、如說修行。

這四個步驟的具體內容是：

一、近善知識：不為偶有所求；不為名聞利養；不為人身依附而親近善知識。只為究竟離苦得樂；只為追求真善美；只為破疑立信而親近善知識。

二、能聽法：不為求法之過；不為增益見聞；不為累積知識；不為應付師友而聽法。

聽法時要放棄一切已知和成見，也不要跟文字語言糾纏，只全力收攝心神，專注領納善知識所開解示導的「諸法如是相、如是性、如是體、如是力、如是作；如是因、如是緣、如是果、如是報；如是本末、究竟。」

三、思惟義：依所開示的相、性、體、力、作；及因緣果報；以及本末、究竟去作更廣泛、更深刻的觀察思惟。

換句話說，也就是將從善知識處，所領納的開示，印証於一切眾生；一切人事物；一切過去、現在、未來。

四、如說修行：爲了正確而全面去印証眞理，必須善修資糧福報。必須依善知識所示，老實依次第去修行十善法戒、六波羅蜜多和四無量心。

如是方能究竟破疑立信。

十、問：世間的學習方式跟佛法的學習方法之間有何差異？

◎答：

世間的學習方式，不管哪科、哪行，要點都是要先弄明白本門的特殊對象和範疇，再瞭解本門的專有名詞的定義，再學會一些公式、定理，再依前述的前提，在具體的命題上進行邏輯推理，方法也不外是歸納和演義。此外，世間學習是累積知識和資訊。

這種學習方式是世間唯一的學習方式，不管哪種專行專業，也不論是自然科學或人文科學中的哪門學科，都毫無例外。

依這種學習的方式，完全不需要什麼善友，因此也根本沒有集體學習的必要。學校和班級的設立，只是爲了師資、設備不足而施用的經濟手段而已。

這樣的學習，人愈少愈好，最好是一個人。例如英國大思想家羅素（**Bertrand Russell**），美國總統弗蘭克林．羅斯福（**Franklin Roosevelt** ），他們從沒上過幼稚園、小學、初中和高中。當然他們都是出身豪門世冑，才有這樣的條件。

舊時代的中國人也是一樣，豪貴人家的子弟（女人通常不上學）連「私塾」也不上，都是在家中延聘「西席」，駐府候教。

佛法的學習就大大不同了。

佛法是沒有特殊對象和範疇的，若定要說有，那就是無所不包的三世十法界的一切人、事、物。說了等於沒說。

佛法是沒有特殊的定義的。何以故？一法即有無量義故。

佛法是沒有特殊的定理和公式的。何以故？實無有定法如來可說故。

佛法是沒有特殊命題的。何以故？廣泛認領故，盡一切時、一切處、一切人、事、物迴向故，普門接引故，承事諸佛無空過者故。

佛法的觀察和思惟不能依靠世俗的推理，不能使用邏輯的歸納法和演義法。何以故？因緣果報相續不斷故，為究竟諸法實相故，依第一義空，立一切法故，依佛智滅諸識故，依大法化小法，依了義破不了義故。

此外，學佛法不是累積知識，而是不斷地減損破滅，不斷地自我否定。何以故？本自清淨故，本自具足故，萬法盡空故，破執除障故，究竟滅度無餘故，還得本心故。

要達到以上所說的效果，必需要有奉行「六和敬」的善知識、善友的導引和護持。

總之，世間學習方式那一套，用在學習佛法上，全用不著。

十一、問：

大乘佛法的學習，必須站在一切十方三世六道衆生的立場和高度上來感受、觀察、思惟、認領、覺悟。對初學佛法的人來說，這個要求太高太大，怎麼可能夠得著呢？

◎答：

甭急，慈悲的佛陀，自有善巧的安排：

世尊在這裡為我們舖了四級台階，讓我們能夠逐步地擴大提昇。

第一階是善知識：若不能親近善知識，不能與他所開示的法相應，其他一概免談。

第二階是善友：善友是從一切眾生中，依大因緣選拔出來的，是對善知識認領的擴大，是對眾生認領的提昇，是最關鍵性的。若排斥善友，則必將排斥一切眾生。菩薩變成了空頭菩薩，不能建立佛土故。所以佛依此意於《大乘大般涅槃經》中開示，善友是菩提心「最近因緣」。

第三階是一切人：這是對善友認領的擴大，是對眾生認領的提昇。

第四階是一切六道眾生：菩薩依此建立佛土。從這兒就接上無量眾生了。

十二、問：如何歸依得上善知識？

◎答：

我們常說歸依三寶，歸依善知識，歸依佛菩薩。對「歸依」這兩個字，一定要先搞清楚。「歸」是回歸，「依」是依止。

要能眞正回歸依止，是很難做到的。若是一個人的憍慢心非常旺盛，必定極有自信——信自己、信己意、信己力，這樣的人就不會信佛，不信佛就談不上歸依佛，那也不需要歸依法，也毫無必要歸依僧。

善知識是僧，僧傳我們佛陀的正法，我們依正法回歸依止上佛。所以要想歸依善知識，是爲了得到善知識所傳授的正法，依正法去見佛。如果不能放下對己意、己力的歸依，則無法歸依善知識，當然也無法歸依三寶，更不要談歸依佛。

因此，歸依善知識最重要的是放下對己意、己力的過分自信，這樣就算自淨其意了。以清淨心，方歸依得上善知識。

這當然不是說我們沒有質疑善知識的權利。但是我們的心若不皈依，則不能除去心中的不淨和排斥，這樣對善知識所傳的法，就不能全面完整的接受；因此，也歸依不上三寶。縱使有時我們錯認了善知識，後來的事實證明他是不善的，但仍要給他機會，在毫無排斥、成見的情況下，聽清楚他要傳授給我們的是什麼。要能全面、無割裂、無扭曲地聽清楚，否則永遠也不能決定誰是善知識、誰不是善知識，您說對嗎？

十三、問：善友的「善」字，代表什麼意思？

◎答：

善友的「善」字，表示能在學法修行的路上，對我們作出特殊惠利的人。

這個善，這個惠利在於他（或他們）能幫我們對眾生心行以及自心所行作出更擴大、更深入、更細緻的認領和覺悟。

因爲當我們的心還沒能修到廣大深遠，精細微妙時，只能先從一起學習佛法的善友處認領。

認領什麼呢？

認領善友跟我不同的惡根、善根，跟我不同的罪業、福德。這有助於我們對眾生心行的認識，更有助於我們去認領自己那顆萬法具足的本心。

善友好比磨平擦亮的銅鏡，若從中還照不到自己的面相，定是根本不願看、不敢看。

當我們能夠正確認領善友以後，下一步，就要擴大善友的數量，最後把一切眾生都變成了善友，那就跟當時悉達多太子「還與一切眾生而為伴侶」的本願相契相符了。那時就要成佛了。

十四、問：

在《大般涅槃經》中，佛陀開示：「善友是菩提心最近因緣」，我雖明白善友的重要性，但為什麼有時就是不願親近善友呢？

◎答：

這當中最大的障礙，就是「嫉妒心」。如果不能自覺地去克服對善友的嫉妒心，乃至爭鬥心，那便爲自己修行的路上，設下最難克服的障礙。

首先，我們千萬不要手指往外指，因爲手往外指，指到別人的惡時，即生瞋恨心；指到別人的善時，即生嫉妒心。尤其對修行人而言，最大的過失，莫過於把手指往外指。

在《大乘大般涅槃經。聖行品》中，有一位頂生大王，是二地菩薩兼領轉輪聖王。他非常羡慕忉利天的安隱快樂，於是騰空而上，來到忉利天，見到天王釋提桓因（由三地菩薩兼領）。頂生一見釋提桓因，除了眼神外，竟然和自己長得一模一樣，因此嫉妒心、爭鬥心大起，想要取而代之。只此惡念一生，就墮落回凡間，受大苦惱。

頂生大王就是犯了嚴重的「手指往外指」的過失，雖然羨慕釋提桓因，卻無法認領回來他的善。

「手往外指」有百千萬惡，而無有一利。只有把手指收回來，直指自心時，方有無量善法，由是生起。這時，我們就能把別人的惡認領回來，慚愧懺悔，變成自己發露的資糧，在發露的過程中，開啓智慧，轉業爲智；也把指派出去給別人的善認領回來，於是認領回來自家珍財，增益功德。

這麼一來，就能更自願自覺地經常去親近善友，緊緊地依靠善友。這麼一來，善友才眞正成爲絕對不可或缺的助道因緣。

十五、問：讀誦經典要如何下功夫？

◎答：

讀誦經典的功夫：

首先，得從「持戒修福」作起，而持戒修福最重要的就是（一）近善友、善知識；（二）持「十善法戒」。

持戒修福是讀誦經典的本錢，也就是《大乘大集地藏十輪經》中所說：建立「營福業輪」及「習誦業輪」的功夫。

讀誦經典端看我們有多少「福」來答報經中正法與眞實義。

有的雖常翻開經典，努力讀誦，但讀後忘前，讀前丟後。讀來讀去都很難造成印象。有的只要一打開經，想專心進入，就會意識昏潰，頭腦發脹，昏昏欲睡。再差的每天「有口無心」地誦經，或只稱佛號、只唸咒不讀經，甚至只拜經、只唸經名而不讀經。

這犯的都是同一個毛病——不曾持戒修福，因此沒有建立「習誦業輪」的本錢。

其次，讀誦經典大致可分三個次第：初讀、細讀和精讀。

第一步「初讀」時，要反覆抄寫讀誦，目的是要熟悉經文，搞通文字義。

第二步「細讀」時，先分章、分段地弄明白經中的幾個重點，這樣就把經中開示的法，分別標示出來。再就是綜合起來看清全經的體系架構。

第三步「精讀」時，先抓住全經的宗趣、精神所在，再抓出經中所示各法的因果次第，再進一步去體察如來的密意、眞實義。這就算功德圓滿啦。

十六、問：

諸大乘經典收尾時都說，「若能受持讀誦此經乃至一句偈」，定有無量的功德。為什麼我多年來整天讀誦佛經不斷，卻不得絲毫惠利，反而有時一面讀誦，一面心中常起惡念？

◎答：

這個疑惑來自於：我們雖口說「受持讀誦」四個字，心中想的卻只有「讀誦」兩個字。但是「受持讀誦」這四個字的要害，不在「讀誦」，而在「受持」。「受持」是「信受奉持」四個字的簡稱。

從第一個字「信」說起，首先要問：我信什麼？我過去信什麼？現在信什麼？

信不信佛所說？我過去不信佛所說，那麼我信的是什麼？現在我說信佛所說，眞信佛所說嗎？眞信的話，那麼我之所信，是不是我之所願呢？

如果我之所信，就是我之所願，那才算正受所學之法，方名爲「信受」。「信受」之後，就要眞實行願，老老實實依「如來正教」和「如來方便」而行。如此依信、依願而行，叫做「奉持」。奉就是依；持就是行。

走完這四步，方名「信受奉持」，方名「受持」。

故知，在信受的過程中，所要奉行的就是「如來正教」和「如來方便」，並老實依次第而行。也就是說，一定要遵奉護持大乘經典，眞正作到「信受奉持」，否則雖「讀誦」經典，而無法「受持」，即無甚功德可言。

讀經，就是在聽佛的開示。「經」乃「徑」也，是佛陀示導我們如何開示悟入佛之知見道。所以，我們聽了佛的開示，就要「受持」——信受奉持，方能悟入佛之知見道。

故知「信受奉持」即是四丈夫行。

「信」就是「近善知識」——相信善知識。

「受」就是「能聽法」和「思惟義」——既蒙善知識示導佛之知見，自心即去領悟佛之知見。

「奉持」就是「如說修行」——既蒙善知識開示，並於自心解悟佛之知見後，修行進入佛之知見道。

所以，「受持讀誦」的重點，在「受持」，不在「讀誦」。

如果光是讀誦經典，而不信受奉持，會變成有字無義的讀誦。有字無義就會變成口念心不行，口念心不行就易淪爲口善心不善，既然心不善，就無善果可言了。所以惠能大師在《法寶壇經．機緣第七》中訶責法達：「空誦但循聲」，正是爲了這個原因。

目前多有拖著調子唱念的誦經方式，很讓人擔心，因爲照這樣讀下去，不但遠離違背了誦經的眞實義，反而助長了「空誦但循聲」的功夫。

「開經偈」分明言道：「無上甚深微妙法，百千萬劫難遭遇。」

就是告訴我們，讀經時，要能把我們的感激心調發起來，讓我們的心受到經文的感動和激發。偈中接著又說：「我今見聞得受持，願解如來眞實義。」就是提醒我們，見聞後，能不能「信受奉持」呢？是不是眞正願意去正解如來眞實義呢？

所以，「受持讀誦」的重點在「受持」，唯有先好好「受持」，再以「讀誦」來加強鞏固「受持」的成果，「讀誦」則是一種增益念力的修行法門，這樣「讀誦」才有功德可言。

十七、問：在佛經集結前，既然沒有記錄下來的經典，那時的修行人如何去學習經典呢？

◎答：

佛經集結前，學習經典都是靠受持讀誦來傳承，也就是師父以口相傳，徒弟以心記憶，時時讀誦，不令忘失。

即使在經典集結後，讀經的情況還是和在集結前一樣。因爲在集結經典時的印度，沒有造紙術，也沒有印刷術，集結下來的文字多數記載在貝葉、羊皮或樹皮上。通常一部經典，就要佔很大的空間來收藏，查讀翻閱起來是相當困難的。

後來，雖然發明紙和印刷術，但經典的記載是靠卷軸，收藏時仍要佔很大的空間，翻閱也不容易。一個卷軸能記載的文字很有限，就以昭和大藏經的一頁大小為準，一個卷軸最多只能記載三分之一頁的文字。如此的收藏方式，八十卷的《華嚴經》、六百卷的《大般若經》要有多少卷軸才能記載得下？更何況還有怕被翻亂、翻壞，火燒、蟲蛀傷損的憂慮。所以只有極少數有特殊因緣的人，才能入藏經閣翻閱經典。一般人還是得靠師徒口傳、熟記讀誦的方式來親近經典。

直到清末民初，我們連一部完整的大藏經都找不到，只有從日本請回來《大正藏》。直到一九四九年以後，歷史學家、考古學家們才在民間的收藏以及發掘中，陸續發現了房山石刻、乾隆龍藏、洪武南藏、契丹藏等等經典。

現在我們得助於高科技，能夠信手得來地翻看經典，甚至能在電腦的螢幕上閱讀，這在過去是不可能的。雖然如此，過去的修行人對經典的珍重、恭敬，以及學法態度的認眞，卻要比當下好得太多。

因此，不論過去或現在，也不論學習經典的困難或方便，如何在學習經典時，眞正作到「受持讀誦」，才是我們唯一的、同樣的要求和目的。

十八、問：您常建議學佛的人寫一篇詳細的自傳，這和學佛有什麼關係？

◎答：

學佛是一個人生道路的再出發，說得更貞切一點，是「置之死地」而後重生。因此，把自己的一生，作一次徹底貞誠的回顧，重見自心經歷，將有助於知道自己的起步點在哪兒。

我們這一生發生過許多的事，可能很多都是不堪回首的，因此我們的自衛功能，甚至選擇把它密封在記憶庫深處——所謂遺忘。但我們貞願努力挖掘的話，還是會有所發現的。所以作這項工作，最重要的是誠實和勇敢。這篇自傳，不僅有助於我對您過去的一些瞭解，同時對您自己，也必將獲益極大。

十九、問：我學佛很久以來，一直害怕作功課，不敢面對自己，這是為什麼？

◎答：

害怕做功課，正是不願慚愧，總覺得這一來，會把自己給摧毀掉。這樣一想，傷毀太大，自然不願做功課。

殊不知學佛主要的功課就在慚愧、懺悔中，目的就是要作「自我否定」。何以故？

爲自見故；爲消業除障故；爲開啓智慧故；爲滅度種種假我、非我故；爲迴歸依止佛性眞我、諸佛大我故。

所以，不要怕，要勇敢地作些甩包袱、脫濕布衣服的功課，只會令你輕鬆、解脫，一點兒也不可怕！

二十、問：

最近開始作功課，回憶過去所發生的點點滴滴，但仍不知如何正確發露因緣果報，才能具體消業？

◎答：

簡單地說，凡是我們當下所受的一切苦與樂，都是在承受著某種「成果」，而這成果是因爲我們曾經播種（因），並勤加耕耘、灌溉、培育（緣），而成熟的果實（果），嚐到了果實（受）之後，還會作出不同的反應出來（報）。

如果我們忘記了，或搞不清楚當時是如何播種、耕耘、灌溉、培育的，叫做

「不解因緣」。有時對自己正在承受的苦樂（果）也不很自覺，甚至連承受苦樂之後所作出的反應（報），如喜、怒與愛、憎等也搞不清楚，這叫「不識果報」。

如是我們盲目地在種因、攀緣、受果、報應，叫做「無明行」，又叫「造業並受業果報」。這無明行的力量把我們莫名其妙地從過去推到現在，又將把無可奈何的我們從現在推向不可知的未來，這股力量叫「業力」。

因此，若不識不解因緣果報，將永遠墮在無明行中，永世淪爲業力的奴隸！

我們作功課，正是企圖正確發露因緣果報。正確發露因緣果報，正是爲了出離無明行；出離無明行，正是爲了從被業力操控的現況中解脫出來。

正確發露因緣果報要開「慧眼」才行，也就是先要開啓自心的「善觀察因果報智」（見《大乘大集地藏十輪經》），要靠這個智慧力才能正確發露。

二十一、問：目前我慧眼尚未開啓，智慧力猶未體現，又如何能正確發露因緣果報呢？

◎答：

首先，我們要找到眞正的善知識、善友，依止他們的幫助。然後在善友前發起「慚愧心」——自發露曰慚，眾發露叫愧。發慚愧心就是在善友前發起一定要正確發露因緣果報的意願和訴求。然後依止善友的開示導引，誠實勇敢地去發露、去觀察。

這樣，慚愧心便放出智慧的光芒，照見了隱覆躲藏在事相後面的因緣果報，這也就是「發心」——發明心地的過程。

發慚愧心——發明慚愧心地，依止善友開示引導，便能正確發露因緣果報，便能出離無明行，便能從無明業力的奴役中解放出來，得眞解脫。

剛開始作功課時，只能追憶陳述一些事相，但不要緊，依止善友的幫助，終能正確發露覆藏在事相後面的因緣果報。要緊的是：必須誠實勇敢；必須願見敢見。

二十二、問：生命的起源是什麼？

◎答：

生命的起源是貪生怕死，好生惡死。
貪生的起源是「求有」。
「求有」的起源是執著取向。
執取的起源是強忍貪愛。
貪愛的起源是受無厭足。
受的起源是六識、六根、六塵和合。

十八界和合的起源是眼耳鼻舌身意六處聚落，又稱十二入。

六處的起源是名色等五陰躁動增長的結果。

名色的起源是心意識種子虛妄分別：一分爲二，成內外、人我、我及我所、色與非色法、心與心數法等。

心意識下種的起源是無明有愛。

無明的起源是對佛性的疑、顛倒、放逸。

這就是佛教對生命起源的回答。

二十三、問：生命沒有緣起前是怎麼一個狀態？

◎答：

生命沒緣起前，是「空」，沒有任何「狀態」。生命的緣起是一種「幻生」，故本自無生。

二十四、問：

根據緣起論，每一件事物都是因緣和合而成的，那麼構成萬物最基本的元素（如原子、電子等），是如何因緣和合的呢？

◎答：

關於這個問題的最簡單的答覆是：由更小的粒子合成。而以此類推，無窮無盡，設若找到了所謂「最小粒子」，還可再分，分出來的則是更小的粒子。因此，所謂「最小粒子」是找不到的，這「找不到」即是「空」。而原子以下的電子、中子、質子，已無自性了，有氫原子，卻無氫電子、氫中子或氫質子，這「無自性」，又是「空」。

光提緣起不提性空，是半截兒理，不能完全開解「空有」的奧密。

二十五、問：經上把衆生分為有情與無情，這是不是說，人的意識也有無情的時候？

◎答：

我們應先明白，衆生即是有情，亦即「蠢動含靈」的動物界。無情指的是植物界和非生物界。

若從佛法性空的角度看：「彼非衆生，非不衆生。」而且「實無有衆生」。世尊正是隨順世間——人的意識，方便說言「衆生」。有情方名衆生，「情」者依人的意識，大致可分喜、怒、憂、思、悲、恐、驚等。若多不具此情，不名有情、衆生。反之則名有情、衆生。

二十六、問：

悉達多太子在菩提樹下，順逆觀十二因緣法後，即身成佛，圓滿成就阿耨多羅三藐三菩提，請問黃老師，以我們目前的資糧，如何才能初步踏上順逆觀十二因緣法，解脫生死的這條路？

◎答：

如果把「緣起法」的十二個環節——從無明至老死，更進一步簡化總持，可以變成五個步驟：顛倒——虛妄——欺誤——傷毀——八苦。

凡夫「好面子」，乃至不敢見八苦，當然更見不到傷毀（惡），是苦直接的、也是唯一的因。

如是連止惡行善的要求也提不出來。

凡夫中，若有能認識到欺誤覆藏是傷毀（惡）直接的、也是唯一的因，當知是人甚爲希有，一般所謂的善人絕辦不到，他必須拿出很大的誠實和勇敢來。

若有人見及於此，則已具依佛法修行的資糧福報，可算是正式入了佛門，也可以開始歸依上三寶了。

若有人能正確認識到虛妄分別造作，是欺誤覆藏直接的、也是唯一的因，則此人已依法修行，並於生死等八苦得到初步解脫。

要作到這一步，非要依法老實修行不可。一般來說善知識、善友的護持和導引也是不可缺少的。

若有人能正確認識放逸顛倒，是虛妄分別造作直接的、也是唯一的因，則此人已初破無明，並略見佛性少分。當知是人第一希有難得。

如果想要打破顛倒——虛妄——欺誤——傷毀——八苦這條「生死鍊」，就必須從這五個環節的樞紐處下刀。這個樞紐就是欺誤覆藏。

二十七、問：為什麼說欺誤覆藏是打破生死鍊的樞紐呢？

◎答：

因爲需要借欺誤去直接覆藏的對相，是上遮虛妄，下蔽傷毀，而間接覆藏的對相，則是上遮顛倒，下蔽八苦。

一切萬法本自無生，而依虛妄分別生，但這生是不得安立的，因此必須依欺誤而立，以覆藏其不得安立的事實。欺誤覆藏怕的是兩重傷毀，一是欺誤的謊言被拆穿；二是想護的護不住，現出了無常相。

苦也是要被覆藏的，因爲苦相會暴露出傷毀。

因顛倒放逸才會導致虛妄分別造作，但如果虛妄被覆藏了，就更難挖到它那顛倒的根。

以是因緣故，一切眾生墮入無明至老死的輪迴中，不斷地進行著顛倒——虛妄——欺誤——傷毀——八苦的惡性循環。

下刀處是欺誤，刀是什麼呢？

刀是慚愧。佛門的慚愧能剖析揭示、發露一切欺誤覆藏。

慚愧不只是刀，也是降魔杵，也是照妖鏡，也是護持眞如心、法財、慧命的鎧甲，更重要的是：慚愧是開啓我們自心本有智慧的鑰匙。

掌握了這把鑰匙的人，才能離開世間險惡道，踏上法王夷坦道。

二十八、問：

常聽人說：「人人都會死，怕死有什麼用，我才不怕！……」真的有人能這麼灑脫地去面對死嗎？

◎答：

對於「生死事大」，這一切眾生最大的事，我們向來就是不願看、不敢看，總是「不見棺材不掉淚」，更提不起誠實勇敢去面對。

說這些話的人，正是「走夜路大聲唱歌」。因爲死的傷毀太大了，我們不能面對、處理，基本上，都不自覺地放棄去對治這生命中的頭等大事。

雖然我們一直逃避生死，卻也逃不了。當我們的親人現老病死相時，只得被逼著去面對。這時，只能拿眾生知見，也就是凡夫的價值觀、情操、思惟方式去應酬它，只希望它快點過去，趕快遺忘掉，甚至心存僥倖「幸好是他不是我！」

當我們用欺誤覆藏的辦法來面對死亡，這無常大鬼——死魔，就在黑暗中變得更加猙獰、恐怖、凶惡。我們高砌圍牆，躲在一道道牆內的碉堡中，就眞的能把死魔擋在牆外？就眞的能不被它侵害？一旦，無常大鬼突然現身在碉堡裡，我們就慘了。因爲，只有這孤立、封閉、隔絕的我，獨自對付死魔，怎能不恐怖、不痛苦？

我們不只拿不出誠實勇敢，更缺乏智慧，又處在「獨死獨生，豈復有伴」的情況下，逼著要去面對自己或親人的死亡，必定恐怖、無力，必定會受到很大的折磨跟痛苦。

因此，這也正道出了解救的答案：只有把個人的生死，和一切眾生的生死連在一起，變成一件事來看待、處理時，我們才不再封閉隔絕、才不再孤立無援，才有可能灑脫地去面對。

二十九、問：

如何把自己的生死，和無量衆生的生死，等同看待呢？

◎答：

「眾生」乃眾生眾死之意。從縱剖面來看，指得就是「我」過去世無數次的生與死，以及未來世無數次的生與死。從橫斷面來看，指得就是眼下所見、一切眾生的死死生生。

因此，眼下這個眾生的生與死，若不是「我」過去世中的生與死，就是「我」未來世中的生與死。當我們開始建立百劫千生以來，無量眾生眾死的信心後，再去面對自己或親人的死亡，就不再那麼封閉隔絕、孤立無援，甚至能產生無可比擬的力量。

如同我向來爲臨終者祈禱加持時說：「你現在呼吸困難了，覺得要死了。想想看，就在這一秒鐘，這同一秒鐘，世上有多少眾生正在落最後一口氣。嚥下了這一口氣，就再也進不來下一口氣了。」

好好聽進這句話，我們的心量就擴大了，不再盯住自己或親人的生死，接著見到的是整個無量眾生的生死。這時，就把原先所高築的圍牆深壘給打破，釋放出一切眾生本自具足的佛性與智慧。

這正是行大乘菩薩道的基礎，把自己的無量生死跟一切眾生的生死，等同看待，這就是同體大悲的起步。否則，心無眾生的人，把我的生死，看成是我個人的問題，和別人無關；別人的生死，更是別人的問題，和我無關。一念「無關」，就把我們推到最無力、最孤單、最封閉、最隔絕、最恐怖的境界。

很多沒學好佛法的人，只能看到自己孤單一人走上黃泉路，那是很恐怖的景象。再加上不知道自己要走到哪裡去，面對這個不可知的未來，非常恐怖、無力。這也正是，纏綿病榻多時，長期插滿著管子的病人，走不掉的原因，都是因爲無路可走，不知去處，結果都不敢走。

因此先要弄清楚，今生死後還有下一個「生」，然而，「生」了必定要死，「死」後還要再生，未來的無量生死正是我們的去處。

三十、問：如何面對未來的無量生死？依靠什麼樣的力量，才能經歷得起生死，永不再恐怖、無力？

◎答：

過去我們正是依靠己意、己力，才落得如此下場，而今而後當歸依三寶的加持力。三寶加持力就是大覺悟力、大智慧力、大光明力，能照亮我們見不到、那無邊黑暗的未來，同時也照亮我們不敢回顧、那無邊黑暗的過去。

過去之所以一片漆黑，正是我們把一切的不堪回首，通通隔到無人能見的黑暗處，隨手把門一關，自己卻也不復記憶。由於過去黑暗無明，當下恐怖無力，未來更是盲無所見。就好比晚上走在熟悉的林子裡，若沒有手電筒的話，既不敢回頭看，更不敢往前看，任何一點風吹草動，只能把我們嚇得沒命地亂跑！

有了三寶的加持力，首先要努力地回頭看，看過去不敢看的黑暗——在明師面前，誠實勇敢地發露過去造作的種種罪業，慚愧懺悔，如是「除邪行正即無罪」。罪業盡消，心中光明坦蕩，當下不再恐怖無力，死後更知去處。

希望我們一起歸依三寶，以三寶的大覺悟力、大智慧力、大光明力努力掃除一切生死迷障，如是才有力度過未來的無量生生死死。

三十一、問：

我今世發了了生死的願，但我文化淺，很希望黃老師能直接了當開示我「如何了生死」？

◎答：

你提的問題恐怕不是了生死，而是問今世如何能得好死，來世如何能得好生吧。

了生死是究竟出離生死苦海，永斷生死，這就一定要發三乘菩提心，並依次第修行。任何不依正法了斷生死，都是邪魔外道，不能眞正了生死。

今世能得好死，是了生死的頭一步，就是要能持得上十善法戒。

在奉持十善法戒之前，得先要有善知識傳授我們十善法戒，然後在善知識面前慚愧發露過去所犯的十惡行，等盡懺前業以後，就能開始信受奉持十善法戒。

在奉持十善法戒之後，假如我們犯了戒，必須要在善知識面前慚愧發露，然後再由善知識爲我們重新受戒，我們則重新發願繼續持戒。

因此，在持上十善法戒的整個過程中，除了自己發願持戒外，更重要的是要能皈依上眞正善知識、眞正明師。

在明師示導下，能持上十善法戒，就是「善男子」、「善女人」，善人以自知去處故，今生就不再貪生怕死，保證得好死，如是了生死就走了頭一步，然後再發三乘菩提心，依法修行的話，必能了生死。

三十二、問：

您曾說過，整個佛法修行的過程，是一個不斷「自我否定」的過程，而且要修練「無不知捨心」，請問什麼是「無不知捨心」？

◎答：

「無不知捨心」這個名詞，是來自如來無量功德之一的「十八不共佛法」中的第六項。

「十八不共佛法」指的是如來的「身業無失、口業無失、意業無失；無異想心、無不定心、無不知捨心；欲無減、念無減、精進無減、慧無減、解脫無減、解脫知見無減；身業隨智慧行、口業隨智慧行、意業隨智慧行；知過去世無障無礙、知現在世無障無礙、知未來世無障無礙。」。

「無不知捨心」，是三乘共法。大乘佛法的第一波羅蜜多「檀波羅蜜多」，修練的也正是這個「無不知捨心」。還有第十淨智波羅蜜多，修的也是「無不知捨心」（捨無量心）。

末法時期的眾生，最排斥的就是這個「捨」字，只能得，不能捨；對於自我，只能肯定，不能否定。這樣就永遠邁不開依正法修行的步伐，也行不上修行的正路。

《華嚴經》裡有一段故事說，有人來求修行人連頂的髮髻，就是帶頭皮的髮髻，他不問對方要拿來幹什麼，而說「我此髮髻，世間第一稀有，趕快拿去吧！」說完，一手抓著髮髻，一手舞起大刀，連著頭皮割下髮髻。他不但能布施，而且還以「布施波羅蜜多」修練「忍辱波羅蜜多」。

「布施波羅蜜多」有特別的指向，還有特定的修行方法，唯有完全做到「以平等心布施、施不望報、施已無悔」這三項，才能完成「布施波羅蜜多」的功德，這就成就了「無不知捨心」。

三十三、問：怎樣修習「無不知捨心」？

◎答：

「無不知捨心」是在兩種修行法門中成就的：一是依大乘法修三十七助道品，從「四定斷行神足」開始，每一項的主要精神就是「依止厭、依止離、依止滅、迴向於捨」。一是大乘菩薩道的第一「布施波羅蜜多」。

菩薩布施，以三種功德保證成就「無不知捨心」：以平等心布施、施不望報、施已無悔。

第一種功德是「以平等心布施」。就是不問布施對象，沒什麼配不配接受的問題。最標準的範例，就是維摩詰菩薩，接受了長者子善德供養他的一個「價值百

千」的瓔珞後，當場把瓔珞「分作二分，持一分施此會中一最下乞人，持一分奉彼難勝如來。」《維摩詰所說經．菩薩品第四》

又如在《地藏本願經．校量布施功德緣品第十》裡的「南閻浮提，有諸國王、宰輔大臣……、大婆羅門等，若遇最下貧窮，乃至癃殘、瘖啞、聾癡、無目，如是種種不完具者，是國王等，欲布施時，若能具大慈悲，下心含笑，親手遍布施，或使人施，軟語慰諭……」。

第二種功德是「施不望報」。正因爲不問布施的對象，所以能夠不要求對方作任何種的回報。即如維摩詰菩薩說「若施主等心施一最下乞人，猶如如來福田之相，無所分別，等於大悲，不求果報，是則名曰具足法施。」《維摩詰所說經．菩薩品第四》

第三種功德是「施已無悔」。就是布施後，即使對方不僅不感激，反而攻擊、毀謗之，也不反悔，也不說：「早知道如此，就不……」之類反悔的話。

以這三種功德，能夠行上菩薩的第一「布施波羅蜜多」，就成就了「無不知捨心」。

三十四、問：所有的佛教徒都知道行「布施」很重要，請老師談談，怎樣正確地作好布施？

◎答：

布施有三種——身布施、財布施和法布施。

菩薩的布施，不是說「我」要做好事，所以布施給你；也不是說「我能」惠利多少人，這個布施要給誰，能幫他什麼忙；當然更不能希望因此布施而能得什麼樣的回報。而是謝謝你給我這個可以「捨」的機會。所以，當眞的肯把身布施出去、財布施出去，就身心愉快，不被繫縛在生死苦海裡。如果能把法布施出去，就更不得了。因爲法布施能使菩薩的法力增上，法布施越多，菩薩的法力就越大。

如果我們布施時，即使不選對象，不認爲有人配接受、有人不配接受，卻只是隨便做點好事，給點財物；或雖然不望什麼實際的回報，卻希望別人給個好臉色或說聲謝謝，這仍是世間善，不是佛法中的善。

要做到「平等心布施」，「施不望報」，「施已無悔」這三點，才是佛法中的至善。世間善可以累積世間福德，卻沒有辦法累積法財。所以，三種布施中，法佈施是最殊勝的。

三十五、問：什麼是「歡喜隨順」？

◎答：

「歡喜隨順」是初地——歡喜地菩薩的功德。菩薩因主修第一檀波羅蜜多，並兼修其餘九波羅蜜多，而得「柔順法忍」所體現的功德力。

在《華嚴經》中，菩薩被譬喻爲煉金師，他的心是金礦石，必需數數入火，才能轉加明淨，這時的黃金，就柔軟而隨意堪用。

當我們的心，明淨柔軟，隨意堪用時，就出現力感，由此力感，而得歡喜。

第三十五問

三十六問：如何修習歡喜隨順？

◎答：

首先，要訶責對三不堅法的攀緣。因爲三不堅法正是一般人「隨順」的極限。當我們認爲因隨順而傷及身命財時，便不能隨順，不只不能隨順，還要起惡，更甭提「歡喜」二字了。

其次，要怖畏不能隨順的過患。要做到菩薩行中的「歡喜隨順」很難，通常是不隨順。可是一不隨順就槓上了，有時還會引發一連串止不住的惡性互動。

就算難得有時「隨順」一下，但也「歡喜」不起來。若不歡喜而隨順，則是勉強妥協。難免覺得委屈，甚至抱怨。這種隨順也只能到達一定限度而已，過了限，立即爆發惡性互動，不可避免的將以此惡業而受惡報。

第三，要嚴格持戒，令心不放逸，因爲在我們於三不堅法未能盡捨之前，不能全然歡喜。持戒保證我們在隨順時，心不起惡。唯有令此心不起惡念，才有可能爭取歡喜隨順、修習歡喜放捨。以能歡喜放捨身命財故，得以遠離「五種怖畏」——不活畏、惡名畏、死畏、惡道畏、大眾威德畏。

以無畏而出現力感，以有力惠利一切眾生爲樂，方得初地菩薩的功德——歡喜隨順。

三十七、問：

常聽到修行人說「重生如來之家」，什麼叫重生如來之家呢？

◎答：

重生如來之家，大致有兩種「受生」法，一種是作爲佛陀的侍者受生。一種是作爲如來的親兒子受生。

凡是發小乘願，求出離生死苦海，個人了脫生死，是以聲聞乘法，修阿羅漢道，如是重生如來之家，成爲如來的侍者。

若修大乘法，必須在堅固持戒以後，特別指在堅固信受奉行十善法戒的基礎上，樹立正信之根。在正信之根的基礎上，發起滅度一切眾生的大願和阿耨多羅三藐三菩提心，全力去發明無上正等正覺的菩提心地，以這樣所發之心願，爭取受生如來之家，則是法王之子，是如來的親兒子。也就是說，在發願發心時，即是小王子誕生時。

《法華經》裡「掃糞」的故事，有很詳細的譬喻，說明親兒子如何流浪生死苦海，如何重生如來之家的過程。

《華嚴經．十地品》裡，也說到菩薩是受生爲法王之子的。剛發心的小菩薩和証了阿羅漢果的聲聞乘，他們之間的關係是什麼呢？常常是修聲聞乘的法力高強，好比國王身邊的將軍和大臣們，雖然他們比小王子有能力得多，但終究得恭敬對待即將紹承王位的小王子。當然小王子年長後，力量也會逐漸增長，但文臣武將再怎麼強，也強不過國王的力量。

於是，發什麼樣的大願，以什麼身份重生如來之家，也就決定了將來承擔不同的使命。

三十八、問：發了大乘願的人該如何行，才算荷擔如來家業呢？

◎答：

對大乘人來說，荷擔如來家業的過程，就是依次第披上十二件菩薩鎧甲，所謂慚愧鎧甲、大願甲冑，加上十波羅蜜多鎧甲，老老實實地依次第修行十波羅蜜多。因爲當大乘人在努力披上這十二件菩薩鎧甲，依次第修行十波羅蜜多時，一定時時處在自覺覺人、自度度他的情況下。大乘法不能關起門來自修、自度、自解脫的，一定得與眾生的解脫連在一起。所以如來方便可簡括成八個字，就是「自覺覺人、自度度他」，這就叫「荷擔如來家業」。

這個如來家業在剛開始時，是很輕微地負荷，初修學者，荷擔力很弱，在不斷地通過慚愧鎧甲、大願甲冑、十波羅蜜多的修行，一遍又一遍地在修習中昇華，終究荷擔力漸漸增強，荷擔的事業愈來愈大。

但有一點要注意的是，大乘人在荷擔如來家業時，自度和度他、自覺和覺人，是絕對不能分開的。若自顧勤苦修學而忘掉度眾，不知所學之法是度眾之法，不知眾生病和我病是同一個病，不知在求的解藥是同一種解藥，那麼他也絕對不能自度。若只重度人而忘了自度，也絕對度不了人。

所以我們要時時檢視看有沒有把自覺和覺人，自度和度他分開，如果是的話就是沒有在荷擔如來家業，沒有挑起重生如來之家的使命。若能體會到自覺也在覺人，自度也能度他時，就是重生如來之家，荷擔起了如來家業的使命。

三十九、問：什麼叫做「決定大乘」？

◎答：

在《大乘大般涅槃經》中，佛特別交待我們末法眾生，要決定大乘、讚歎大乘、護持大乘、弘揚大乘、貪愛大乘、欲樂大乘。所以「決定大乘」非常重要。

佛陀看到聲聞乘法將滅，就是如來正教將滅，修行人必須依止明師修大乘法，《未曾有說因緣經》中言「依止明師，修習方便」。善知識即是方便，因善知識能以十波羅蜜多，即所謂的如來方便，次第引導，所以如來方便就叫大乘佛法。

要想決定大乘必須具備的資糧是：堅固修持十善法戒，於如來正法深植正信之根，在正信之根的基礎上，發願滅度一切眾生，同時發明無上菩提心地，也就是發願受生如來之家，為法王之子，生生世世荷擔如來家業。

四十、問：

如何檢驗自己有沒有發大乘願？有沒有發菩提心呢？

◎答：

這得從信根來檢查。要誠實勇敢地問問自己，到底信什麼？不信什麼？若不信如來正教和如來方便是令一切眾生解脫的唯一眞理，就一定還在信世間一些違佛遠法的事，乃至信世間的學問知識爲眞理，這就是尙未樹立正信之根。

老老實實地相信《未曾有說因緣經》中的十六字眞言：「知死有生、作善獲福、爲惡受殃、修道得道」。信這十六字眞言，就是正信之根的初步建立，這是可以自己檢查的。捫心自問，信不信這十六字眞言？下一步再問信不信如來正教？

信不信如來方便？信不信如來正教和如來方便，是三世十方一切六道眾生，唯一的一條解脫道路？這樣正信之根就深植了。在這個正信之根上，就能發起願力，發明菩提心地。

還可以用另一個檢視方法，就是退一步，檢查自己有沒有堅固信受奉行十善法戒，如果有，就是有資糧種下正信之根了。

檢查信根，若非所信，必非所願，那麼口中再信誓旦旦也沒有用。我們只能願其所信，不能願所不信。

檢查大願之後，如果願還沒有發實，那發明菩提心地也是不可能了。

四十一、問：

《金剛經》上說：「若善男子、善女人，受持讀誦此經，若為人輕賤，是人先世罪業，應墮惡道。以今世人輕賤故，先世罪業，即為消滅，當得阿耨多羅三藐三菩提。」為什麼「先世罪業，應墮惡道」者，反以「今世人輕賤故」而消滅了先世罪業，不只消了罪業，還「得阿耨多羅三藐三菩提」？

◎答：

這段經文從字面上看，不只看不懂，簡直連語意、邏輯都不通。

但如能讀進去，還是能破解的。首先有個先決條件：就是必須要「受持讀誦」《金剛經》。這樣還不行，還得必須是信受奉持的「善男子善女人」來受持讀誦才行。

此外，善男子善女人雖受持讀誦《金剛經》，如果爲人輕賤的話，這說明了（一）「是人先世罪業，應墮惡道」，故今世雖爲善且受持《金剛經》，仍然因先世罪業而依舊「爲人輕賤」。（二）這樣的人，若被輕賤所逼迫的話，則會依經文發起無上菩提心及滅度一切眾生的大乘願，荷擔如來家業並荷擔眾生。（三）以荷擔故，「先世罪業，即爲消滅」，並且不再「爲人輕賤」，不僅如此，以荷最重擔故，「當得阿耨多羅三藐三菩提」。（四）反之，若非信受奉持十善法戒的善男子、善女人，若不受持此經，若不發願發心荷擔，則依舊「爲人輕賤」並「應墮惡道」。

四十二、問：我已決定剃度出家，請老師開示，自心要以怎樣的心態，作如何的殊勝想，來充分作好出家的心理準備？

◎答：

剃度出家有兩個意思，一個就是捨離世間的三不堅法，而今而後以修行人作爲使命。他只有一個任務，就是「修道得道」。但在修道得道之前，還有三個條件，就是要相信「知死有生、作善獲福、爲惡受殃」（請見《未曾有說因緣經》），這樣才能修道得道。

剃度出家的第二個意思，就是要變成僧伽的一部分。僧伽是指四個或四個以上的修行人互爲善友，在六和敬❶中形成一個修行共同體。

在六和敬裡要互爲善友，要互相提攜，也要互相監督，互相護念，互相加持，這裡面很重要的就是「自恣」。我們不只願意幫助善友，也願意接受善友的幫助；我們的善友不只願意幫助我們，也願意接受我們的幫助，這才有六和敬。有了六和敬，就保證了僧伽制度的健全。

剃度以後，當然首先就表示盡捨世間的三不堅法，放棄一切對世間的攀緣，包括做人的使命、恩愛的糾纏和世間財，而以「修道得道」爲唯一的使命，以乞食自足爲謀生的方法，並以此雜食身、穢臭身歸依諸佛法身。

最重要的是在出家之前要「自淨其意」，看看自己還有沒有罪惡感、委屈感？捨離的時候，檢查自己是否充滿幸福感和歡喜心？如果這個時候還覺得有任何的罪惡感、委屈感，那就千萬不要去剃度，若以不淨心出家，必定要跟三寶記賬，將來受到的磨難會很大。這是第一點。

第二點是自己當成了修行人以後，要相信佛陀的話：沒有善友就必定沈沒在生死大河中。所以要努力地、主觀能動地去建立這個六和敬，即使一時建立不起來，也一定要找到善知識，一定要找到善友。所以出家還有另一個意思，就是親近善知識、遠離惡知識。

在還沒建立起六和敬之前，要留意：一、要不受沾染，二、要歡喜隨順。

不受沾染，就是要知道自己是在幹什麼，而不被惡習所沾染，污染了自己的心。怎麼不被沾染？就是要看住自己的「名聞利養心」，並努力滅度自己的名聞利養心，這樣就可以保證不受沾染，立場堅定。

有了堅定的立場，面對尚未建立六和敬的集體生活，才能歡喜隨順。所以，兩頭都要罩住：一要不受沾染，二要歡喜隨順。

如果能夠做到上面所提到的要點，出家就是大好事，因爲這樣可以變成一個專業的修行人，心無雜染。

❶ 六和敬指的是身和同住，口和無諍，意和同悅，戒和同修，見和同解，利和同均。

第四十二問

四十三、問：

我覺得過去所從事的行業，都是損人不利己的，我考慮要出家，但仍是決定不下，我該怎麼去想「出家」這個問題？

◎答：

出家是件大事，更重要的是應當先弄清楚「身出家」和「心出家」的區別，「身出家」只是生態的改變，「心出家」卻一定要做到脫胎換骨。

佛陀的「出家法」是極殊勝的「厭離法」。是我們厭捨出離這本無常、無樂、無我、無淨的世間，看破了由護持虛妄不實的三不堅法——身、命、財，所造下種種欺誤、種種傷毀，以及欺誤傷毀所必帶來的八苦，所以出家。

不是嫌時裝不好看而披袈裟，不是爲了頭髮太麻煩而剃光頭，不是愛青磬紅魚、晨鐘暮鼓的情調，而從家裡搬到廟裡來住。

也不是爲了逃避感情的糾纏和挫敗而出家。

當然更不可以爲了找個生計，混碗飯吃而出家。

萬萬不可是爲了「名聞利養」而出家。

出家最殊勝的意義，在於向八苦中的眾生，示現解脫道，故是眾生眞實福田。

四十四、問：

我已出家五年了，常常懷疑自己到底有沒有重生如來之家呢？

◎答：

照理說「身披法服，剃髮毀形好」時，應該就是重生如來之家的保證，但爲什麼我們心中還會有疑惑？這正是來自於我們造了「於相著相」的業果報。

有沒有重生如來之家，是以所發的願和所發明的心地來劃線的。不論大小乘，若想重生如來之家，都是要自願自覺、高高興興的發願當法王之子或作如來的侍者。在這個願力的基礎上發明心地，選擇目標是發無上正等正覺的阿耨多羅三藐三菩提心地，還是發小乘菩提心地。如果沒有實發任何一種菩提心願，就是沒有重生如來之家，那麼不論處在什麼生態，作什麼打扮，因心無決定，就會總在懷疑，「我到底有沒有重生如來之家？」

四十五、問：

我當初出家是因為自己在各方面的條件都不好，很難在社會上找到理想的出路，現在知道自己出家的不淨心，那麼我該如何去自淨其意呢？

◎答：

佛在《未曾有說因緣經》中道出一個宿世因緣的故事，有關五個惡比丘，在佛門中大搞名聞利養，得了八千億劫的地獄重報；地獄罪畢，受餓鬼形八千劫；餓鬼罪畢，受六畜生身，償其主人先世供養；復八千世，方獲人身，但諸根闇鈍，爲五石女。

因此，對不淨心出家，當起大怖畏、大厭離之心。

那麼該如何去自淨其意呢？可以從下面的次第著手：

一、在善知識前慚愧發露以往不淨心，懺其前愆，悔其後過。

二、從頭重新於善知識處，受十善法戒。

三、重新於善知識處發起菩提心，若資糧不足以發菩提心者，起碼重新再發「生生世世、全心全意為佛陀辦事，自覺覺人，自度度他」的大乘願。

四、加深擴大向去、來、今一切眾生之不淨心，及其因緣果報的反照、認領。

五、於一切出家人之苦行苦受，乃至於一切眾生各以自心之苦行苦受為佛陀的真理作見證，起大感激心。

六、迴向已發大願及菩提心，迴向所學一切法，迴向一切智，迴向一切善知識、善友。

七、再以此心路歷程布施給一切出家人，方名真覺、真度、真救拔也。

最後可將以上所說，總持於：「出離不淨心，是真出家法」這一句真言陀羅尼。

四十六、問：

維摩詰菩薩在「問疾品」中所開示的「憶所修福，念於淨命」這八個字，「淨命」是什麼？如何念於淨命？

◎答：

「淨命」就是我們在佛前領命，依三寶的加持力開啓佛智，依正法次第修行的大願。簡單地說，發願行上「自覺覺人、自度度他」的修行之路就是淨命，也就是我們唯一的使命。

一旦忘了這個使命，自己就會失落，就會很容易地跌入黑暗邪惡的深坑裡，所以要時時提起這個「正念」，就叫「念於淨命」。要想能念於淨命，就要憶所修福；要能憶所修福，才容易時時念於淨命。

四十七、問：

何謂「憶所修福」？

◎答：

就是看到自己已經修的福。

什麼是我們已經修的福？那就是過去連正法的門徑都摸不到，而如今已能依正法修行；過去浸淫在世間餓鬼愛的惡性互動中，而如今已建立了善友、善知識良性互動的渠道。我們修來的福，正是這未聞正法今初得聞、未得善友今已獲得的善果。

四十八、問：

有時聽法自己相當高興，心情好了許多，可是過幾天又模糊了，怎麼也找不到當時的感覺。這是怎麼一回事？

◎答：

那個高興的勁兒叫做「法喜」。法喜是我們勇猛精進的動力，極可珍貴！

可是我們竟保存不住這法喜，不知不覺地就失落了，好比用雙手捧一掬清水，才喝不到一口，就從指縫間流失了。因爲雙手有漏縫兒，存不住水。我們這顆有漏心，也流失一切善法財。怎麼辦呢？

持戒！戒是守護，能護住善法財，令其不漏失。就好像有錢人家，屋裡都是錢和珍貴的東西，就怕有人來搶來偷，因此得費心花錢養惡犬，請保鏢護院，安置電子防盜設備。

我們持戒也是同樣的意思，不持戒的人護不住善法財，也就護不住那聽法時的好感覺了。

四十九、問：

讀您的書，自心常有「靈光一現」的火花和激動，但這種感覺，一下子又消失了，怎樣才能讓這火花不熄？

◎答：

「火花」是點火用的，要用它點燃更熾旺的智慧火焰，因此必須特加珍惜愛護。若不能好好護念它，那麼只要對「三不堅法」的攀緣心一起，八風❶一吹，立刻就會「如露如電」一般熄滅。這時想再去捕捉，卻無影無蹤。

如何善自護念這初起的「火花」呢？首先，不要用煽情發洩的心態來對付它，那是心行放逸。就好像小孩子放煙花那樣，只得一時光明、一時興奮，瞬間一切復歸於黑暗。

珍惜「火花」的人，絕不敢玩這一套，他會極小心、謹慎地護住它，不讓它被風吹熄，不讓它轉眼消逝。他會趕快去找助燃物，儘快把那「火花」引到助燃物上，再細心耐心地慢慢吹風，然後隨著火勢增長，把風勢加強，如是，熊熊烈火便熾燃生起。

用佛門的術語來說，就是當慚愧心、感激心、願力及精進心起時，善自護念，收攝心神，制心一處，專念而不息，以致念念增上，念念深廣。

當「火苗」燃起時，就將自己對三不堅法的攀緣心，以及對一切世間的希求心、不甘心、委屈感等拿出來對照，對此深起知苦、怖畏、厭離心。這樣就能念念增上，念念深廣。

讓我們一起把心中智慧的火越燒越旺，把一切煩惱燒成灰燼！

❶ 八風指的是我們的心，常被世間的八種情操——苦、樂、利、衰、毀、譽、稱、譏，所煽動，而起愛憎心。

五十、問：我已修行多年，還要持戒嗎？

◎答：

是的。佛陀不斷告誡我們，戒是登梯，能昇慧堂；戒是鎧甲，能防四惡獵人（四種魔：天魔、死魔、煩惱魔、五蘊魔）的三毒之箭（貪、瞋、癡）；戒是柱杖，能防摔跤，能助腳力；戒是導引，令不迷失；戒是警惕，不入險境；戒是軌範，行止安泰；戒是馴師，成就功德。

我們一定要經常思念，凡我所修福德，所種善根，都要靠持戒來護持，來增益，來保證；凡我所立正信，所發正願，所捨世間之惡，都要靠持戒來護持，來增益，來保證。不然，不只不能進步，且將前功盡棄。

更要經常思念，若不持戒，心將起惡，惡念若起，難免惡口、惡行，因惡受苦是必然的軌律，因惡踏上「地獄之旅」是必然的果報。

五十一、問：為什麼《金剛經》上說要「降伏其心」？

◎答：

照佛陀的看法，一個未經降伏的心是野馬、是狂猿，只能大作魔事。每次把我們引向地獄，自害害人，飽受八苦，都是因爲這一顆未曾降伏的心在作亂。

而一顆降伏調順的心，就像一匹野馬被調伏訓練成千里良駒，不只不再作惡作亂，造苦受苦，還能造樂受樂，自利利他，大作佛事。

於此，當先持上十善法戒，成爲善男子、善女人，才有希望依正法降伏其心。

第五十一問

五十二、問：持「十善法戒」會得哪些果報？

◎答：

以不同的因來持「十善法戒」，各得下列六項果報：

(一)以希求不墮三惡道爲因，持「十善法戒」，則死後轉生人天兩道。

(二)以希求升天受樂爲因，持「十善法戒」，則得生天福樂。

(三)以希求人間福報爲因，持「十善法戒」，則來世受生，爲人豪貴多樂。

(四)以希求永遠出離生死苦海爲因，持「十善法戒」，則能發起小乘菩提心，修聲聞乘，得阿羅漢果。

(五)以希求永斷無明爲因，持「十善法戒」，則得發起中乘菩提心，修獨覺乘，得辟支佛果。

(六)以希求涅槃眞常、眞樂、眞我、眞淨爲因，持「十善法戒」，則得發起大乘阿耨多羅三藐三菩提心，修菩薩道，得成佛之果。

五十三、問：

為什麼持「十善法戒」能免地獄之殃，不墮三惡道？

◎**答：**

地獄、畜牲、餓鬼三惡道者，顧名思義，都是以惡爲其特徵的，若不惡則不會墮入三惡道。

一切十方三世無量無邊六道眾生所能造的種種惡業，都被如來以無上大智總攝入十惡之中。即身三——殺、盜、淫；口四——兩舌、惡口、妄語、綺語；意三——嫉妒（貪）、瞋恚（瞋）、憍慢邪見（癡）。

如來更以無量大慈訂「十善法戒」，令一切眾生得以：一、見惡思善；二、止惡行善；三、以善轉惡，成就大善、純善、至善。

光就止惡，足能令一切眾生免地獄之殃，不墮三惡道。

五十四、問：

佛門的戒有好幾百種，聽起來很可怕，太繁雜！這讓很多有心持戒的人，心生卻步。請問黃老師，佛戒該從何持起？

◎答：

一切佛戒總持起來，實在只有三條戒——「三聚淨戒」，而這三條戒又正好道出了持戒的次第。有心持戒者，當依此次第來持。

第一條「攝律儀戒」，其內容就是「四重禁戒」——殺、盜、淫、妄和「十善法戒」中的「口四」——妄語、綺語、兩舌、惡口。

如是，則總攝一切律儀。

第二條「攝善法戒」，其內容以「十善法戒」為一切善法根本。特別是「十善法戒」中的「心道三戒」——憍慢邪見、瞋恚、嫉妒。在持好「十善法戒」的基礎上，若發小乘菩提心，則修行如來正教——四法印、十二緣起法、四聖諦、三十七助道品，是名攝善法；若發大乘菩提心，則修行如來十種方便（十種波羅蜜多），即是持攝善法戒。

第三條「攝眾生戒」，既能總攝一切善法，則能以一切善法，教化救拔一切眾生。

其主要內容在《勝鬘夫人師子吼經》也就是《大寶積經・勝鬘夫人會品》中有最精確的開示：1、離善知識（身邊沒有善知識的導引，只有惡知識包圍）、無聞（未聞正法）、非法（行於世間險惡道上）有情類，以人天善根成熟之；2、求聲聞者授聲聞乘；3、求獨覺乘者授獨覺乘；4、求大乘者授以大乘，是名攝受正法。

這三條戒合在一起叫做「三聚淨戒」，其他幾百條戒都只是為了方便奉持這三條戒而設的。

持戒的次第就是先持「攝律儀戒」——從奉持四重禁戒到四口戒；再持「攝善法戒」——從奉持十善法戒到如來正教、如來方便；最後持「攝眾生戒」——從奉持四種「攝眾生戒」到心無放逸戒。

若能作到心無放逸，此心則完全降伏，得以任運自在，遊戲神通，則與佛同。

五十五、問：如果持戒作不到心無放逸，怎麼辦？

◎答：

持不上心無放逸戒，就當退持心道三戒。萬一心道三戒也持不上，就退持口四、身三，退持「四重禁戒」。

要是連四重禁戒都持不上呢？那就上刀山、下油鍋！

如果眞的認識到犯四重禁一定下地獄，就沒有人敢不好好奉持戒律了。

第五十五、五十六問

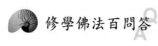

五十六、問：為什麼持不上戒？

◎答：

持不上戒有四個原因。

第一原因，就是不明白持戒的必要性——不解犯戒的下劣過患；也不解持戒的殊勝惠利。

持不上戒的第二個原因是，沒有依「次第」持戒。

持不上戒的第三個原因是，還沒有學會正確使用佛門的「慚愧懺悔法」。偶一犯戒，就會生起沮喪感、挫敗感、罪惡感、委屈感等種種惡心，這樣，就很難摸回正路來，重新把戒持上。

第四個原因是，一向放逸其心慣了，造成一種「習性業力」，雖受了戒，卻時時忘記持戒。

五十七、問：什麼是妨礙持戒的「習性業力」？

◎答：

是這顆放逸慣了的心。當放逸成爲習性，習而不察，就難辦了。好比一匹剛從野外逮回來的野馬，第一步就是爲牠提供一切能幫助牠適應新環境的有利條件，但野性失控時也要施行警戒手段，如鞭韃，如用飢渴法等。

當年佛陀也囑付阿難，給新入道場的修行人，好的利行環境，爲了讓他們盡快適應修行共同體的生態。換句話話說，就是幫他們快點持上戒。對犯戒的修行人，佛陀也用訶責、擯斥等手段來警戒，因爲戒是修行共同體存在和運作的基本保證。

我們更是須要時時提醒自己：

我信的是什麼？是佛法？還是世間法？

我願的是什麼？是成就身命財三不堅法？還是法身、法財、慧命三堅法？

我應捨的是什麼？是佛門善法？還是世間惡法？

只有時時將念力提起，才能對治習性業力。

如是，就能解決妨礙持戒的習性。

五十八、問：

持戒前一定要學會佛門的「慚愧懺悔法」嗎？

◎答：

是的，一定要先行慚愧，再持戒，此法對初學者可能很困難，主要是能正確發露毀犯禁戒的因緣果報，並深起怖畏，痛自訶責，永誓不犯。

但正確發露因果是要靠智慧力的，初學者自心智慧力尚未能調發出來，故很難作到，但能不能正確發露，和敢不敢或願不願發露是兩碼事。

這首先要靠自心的誠實勇敢，去依止善友、善知識，請求他們的開啓和示導。是知若不能幫我們正確發露因緣果報者，不名善友、善知識；亦知雖能幫我們正確發露，我們卻不願或不敢去依止他們，那他們也還是不能算作「善友」。沒有善友的人無有依怙；沒有善友的人喪失了菩提心最近因緣；沒有善友的人難行慚愧；沒有善友的人連戒也難持。

五十九、問：

我是代理住持，最近廟裏發生一樁公案，有人將常住的東西拿了送人，我在裁奪時有些猶疑。想請問黃老師的看法。

◎答：

別人沒答應或不情願給就拿去佔爲己有，或作爲己用，這叫作「不予取」，犯了不予取，即是犯了「四重禁」中的「盜」。

盜的果報依對象分輕重。自在盜用僧供養（「自在用僧鬘物」見《大般涅槃經・師子吼菩薩品第十一之六》）是僅次於盜用佛供養的重犯，其果報是地獄。

這麼看來，這問題可嚴重了。

不過，我們要瞭解佛陀當年定此戒時，出家人的生態與此時此地有一些差別。

當年出家人的飲食、衣服、臥具、湯藥全靠信眾供養。出家人除三衣一缽及臥具外，不得擁有任何餘物；也不得經營任何世務；也不得儲備任何多餘物資。一切所需包括飲食，隨時乞討。

因此對僧供養物的「不予取」，是極嚴重的過失。反觀今日出家人的生態，比當年則顯得多方豐富有餘，乃至還有許多出家人，有自己的財源、積蓄。

想您面對這樁「不予取」案，必定是有人動用了常住剩餘（後備）供養物。如果正在使用的僧物，大概就不會隨意動用了。

又何況動用者既未佔爲己有，又非作爲己用，情況就不如原先講的那麼嚴重了。

以您目前的處境，若是當面撞見了，最好能用完全不帶譴責的善意心態和語氣，去提醒一下當事人：「喂，那不是**x x**常住的東西嗎？如果是他用不上的東西，還是應該先問問他，也算是對他的尊重。更何況，他既用不上，也一定不會小器的，爲什麼不把這件好事讓給他作，好讓他歡喜。若不先問過他，萬一將來他發現了，可能會怪你搶了他作好事的機會。而你原先的目的，不也只是希望**x x**人得到幫助，這一來不就兩全其美了嗎？」

這是我對此樁公案的一些建議，提供給您作個參考。

六十、問：何謂淫？

◎答：

淫同「婬」字，有浸淫、擴散之意，好比一顆水珠滴在宣紙上，就會向四周擴散。淫又指繁殖，如同種子灑到土上，就會繁衍茂盛，佔領地盤。因此，「淫」遍指一切能生育者，繁衍後代的慾望。

對人道而言，淫分成正淫、邪淫。

正淫是指跟自己的合法眷屬性交，爲的是繁衍子息、傳宗接代乃至繼承家業。

邪淫是指跟對方性交時，不是爲了繁衍後代。因此，從各家各派到市井小民，對邪淫各有各的說法，有的說是快樂的泉源，有的說是青春、自由的體現，有的說是解決性欲、減少犯罪……更有種種避孕、乃至墮胎的辦法，來支援邪淫。

依佛法來看，無論正淫、邪淫，都是被「貪生怕死，好生惡死」的業力所促動的無明行，把明明是法化所生、佛化所生的「我」，顛倒矮化成父精母血所生，於是在六道中，行十惡，受八苦，不能自止。

六十一、問：若以造業受報的因果關係來看，正淫和邪淫有什麼不同？

◎答：

正淫是屬善業，它的動機是希望能有所惠利，較容易從「貪生怕死，好生惡死」的業力所促動的無明行中覺醒過來。邪淫乃毀犯五戒（即犯殺、盜、淫、妄、酒），其果報是地獄或三惡道。

因爲無論拿任何冠冕堂皇的藉口去邪淫，首先排斥掉的就是，性交和繁殖之間的必然關係；萬一懷孕，就再用墮胎來欺誤覆藏，更進一步排斥掉這個因果關係。

然而，畜生爲了繁衍子息，還見得到性交跟繁殖之間的因果，並會盡力維繫，努力承擔。譬如鳥一定會保護牠的下一代；母蜘蛛在交配後，爲了保護小蜘蛛，有的會把公蜘蛛給吃掉。

當畜生能見到的因果關係，比人還要長遠時，這就表示，人道已把原有的心量作賤到比畜生還狹劣的地步。在六道中，和畜生一樣或比畜生還不如的地方就是地獄或三惡道，這正是我們邪淫的歸宿。

六十二、問：要怎麼才能斷掉對邪淫的攀緣心呢？

◎答：

遍觀末法末期的現在，充滿了對邪淫的妄知、妄見、妄覺，以及不知、不見、不覺。不只排斥掉長遠的因果關係，還跟著當下的自我感覺走，把性交所帶來的感官刺激稱爲「快樂」，如此地活在當下、苦中作「樂」，眞的是不畏因果、不信來世、無慚無愧，死墮地獄。

面對這樣緊急的情況，雖然也有些衛道人士出來大聲疾呼，訴諸操守、道德、宗教之由，這麼一來，反而把次要的矛盾，虛妄地升級爲主要矛盾。其結果，更把我們推進罪惡以及迷惘的深淵裡。

要想眞正消滅邪淫惡業，一定要把個業跟共業之間的互動關係考慮進去。若只從個人的邪淫來著手，則盲無所見，反而轉加繫縛。

在《佛說四十二章經》佛陀教敕：「有人患婬不止，欲自斷陰。佛謂之曰：若斷其陰，不如斷心，心如功曹，功曹若止，從者都息。邪心不止，斷陰何益！」

所以，如何遵佛所教，斷掉這顆攀緣邪淫的心？

一、要開啓般若智慧力。依如來正教、如來方便次第修行，直至六地菩薩，開啓般若智慧力，必能斷心。

二、當自力不足時，就要靠他力。所謂他力，就是要向諸佛菩薩祈禱。當我們正見邪淫的因緣果報之後，就有條件能慚愧、懺悔，然後發起大願持戒。尤其當祈求地藏菩薩以大願威神力加持我們，讓我們有力來持戒。

六十三、問：如何不讓瞋恨心發作？

◎答：

想要讓瞋恨心不起，先要明白瞋恨心是怎麼來的？會起瞋恨心是因爲「憍慢邪見」。

六十四問：
什麼是「憍慢邪見」？

◎答：

就是那個念念從我、我、我、我、我……出發的一切想法。

例如，我們心裡頭常堅持的那一套套的清規戒律，就是「憍慢邪見」的根源。當我們心裡高高祭起的這些清規戒律，被別人觸犯了，心裡面卯起來犯嘀咕，但我們又不跟別人講，自己就一股氣地憋著，結果瞋恨心就發作了。其實，這是自己持不上戒的無力感的外現。雖然一次次都把無力感打壓下去，但這個效果就好比在埋炸藥。炸藥累積多了，就成了火藥庫，隨便丟個香煙頭就能引爆，搞到自傷傷人、自毀毀他的地步。

六十五、問：

而「憍慢邪見」又從哪裡來？

◎答：

堪忍世界眾生的「憍慢邪見」，就是從「罪」而來。

這個「罪」的根源就是沒把三不堅法繫縛住、照顧好，可是三不堅法本來就是不傷自傷、不毀自毀的，我們要讓三不堅法不被傷毀，根本就不可能。於是，每當三不堅法受到傷毀，我們就有「罪」了，結果就常活在罪惡感之中。

可是，這個罪又太大了，實在頂不住時，馬上委屈感就發作，手指往外指，把罪派給外面那個「惡人」。我們時時祭起的「憍慢邪見」，就是我們拿來控訴別人的根據，就是要給人定罪。一旦治不了人、罰不到人時，瞋恨心就大發作了。

六十六、問：

過去已造下的瞋恨業，該怎麼慚愧、懺悔？怎麼拔除掃清惡根、惡因？

◎答：

要想眞正慚愧、懺悔瞋恨心，並拔除這個惡根，得要持上十善法戒，並在善知識跟前，作慚愧懺悔，才能眞正解決這個問題。

瞋恨心是地獄因。我們爲了這個瞋恨心，不要說百劫千生以來了，光是今生就進出過多少次地獄。

面對今生這些因瞋恨心而常下活地獄的苦行苦受，當起怖畏心。當念：放縱瞋恨心，等於是放虎出籠、縱虎歸山，一定得到自傷傷人、自毀毀他的後果。因此當先發願，從今以後絕不再放縱瞋恨心。

六十七、問：

曾在經典裡讀到過「白衣說法，是正法衰相」，這句話的意思是不是說，因為白衣出來說法，才把正法搞衰了？是這樣的嗎？

◎答：

「白衣說法，是正法衰相。」這句話出自哪部佛陀所說的經典？我遍察不到，請告訴我。

若從字面上來看，的確難以理解。佛前的菩薩們，除地藏、持世等少數幾位外，幾乎全部現白衣在家相。特別是最能說法的幾位，如文殊、普賢、維摩詰、觀世音等都是以在家居士的身份說法的，而那時卻正是「正法時期」，可見「白衣說法」並不是「正法衰相」。

如果有人問：「難道你們是文殊、觀世音嗎？」

當然不是。但儘管我們不是他們，也不能為「白衣說法，是正法衰相」這句話做任何證明呀！

我們討論的本題是：到底「白衣說法」是不是「正法衰相」。並不是「他們」或「你們」的問題。

如果「白衣」分他們、你們，那麼龐居士、馬爾巴、密勒日巴、楊仁山、歐陽竟無又算哪一「們」呢？

佛法今天所處的時期是「末法時期」，正法現衰相快要兩千年，下一步就要進入「滅法時期」了。

二十世紀以來，對中國佛教出家眾的教育培養，啓發振興最有貢獻的，也就是「人間佛教」的開創人太虛法師，不正是因為聽了楊仁山的「白衣說法」，在祇洹精舍受「白衣」啓示、受「白衣」培養而成就的嗎？

何況，若論究竟，在大乘佛法中，只有凡夫與聲聞、緣覺才「妄」見正法有所衰滅，一切菩薩隨時見佛出世、聽佛說法，根本就沒有什麼「衰相」可言。

六十八、問：

能說正法的居士，是否可稱為法師？

◎答：

《未曾有說因緣經》中，野干爲帝釋天王及諸天眾說法。開始時，帝釋天王態度不夠恭敬，自處「丘井」之上，對下面的野干請法，被野干痛罵說：「汝爲天帝無教訓，不知時宜甚癡傲，法師在下自處上，都不修敬問法要！」在這裡野干自稱「法師」。

後來帝釋天王向野干認罪懺悔：「是我頑弊行不稱，……叉手辭謝說不是，叩頭懺悔願垂亮。」

結果帝釋天王與諸天人把野干迎上井來，「叩頭丹誠，請令說法，咸然唯諾，即各修敬，偏袒右肩，圍繞野干，長跪合掌，異口同音，而說頌言：「善哉、善哉！和上（尚）野干。唯願說法，開化天人。……願與和上，永劫相連，至成佛道，常作因緣。」

豈止是「法師」，而且是「和尚」！

疥癩野干當然穿不上袈裟，連衣服也沒得穿，光著身子，披著那一身癩皮毛，也稱法師，也稱和上。

所以，問題不在是什麼人說法，以什麼身份說法，甚至穿什麼衣服說法，是在於說的是什麼法？是不是正法？

六十九、問：常在廟裡看到有「蒙山施食法事」，為什麼取名為蒙山？有什麼典故嗎？

◎答：

「蒙山施食法」又稱「放焰口」，又稱「放蒙山」。蒙山是地名，即今四川省名山縣。宋朝時，從印度來了一位沙門，法號不動上師，人稱甘露大師，他依唐代密宗大師金剛智所訂《瑜伽施食儀軌》，重新翻譯，稱爲《瑜伽焰口》，又稱《甘露法》，因在蒙山作法，亦稱《蒙山施食法》。

這套法門現在是漢傳佛教最主要的儀式活動之一。主要是針對餓鬼道眾生的救拔而設施的。

《大乘大般涅槃經》記載，有一次佛陀在恆河邊禪坐，有五百餓鬼前來求佛陀救拔，世尊欲為他們說法開解，他們卻抱怨久不得飲，心中熾然，患渴難挨，無心聽法，如來反問他們說，恆河無量清水就在身邊，為何不飲？眾餓鬼說，別人見到是水，但對我們餓鬼而言，所見卻是流火，哪裡敢喝？老佛爺即以慈悲威神力加被他們，令彼等頓滅流火之幻相，解除心中恐懼，乃臨水飽飲，然後安心聽法，遂得開解。

故知，若欲救拔餓鬼道眾生，必須先滿足其飢渴，再為彼說法開解。因此「蒙山法會」按規矩：得先設曼荼羅壇城，再設種種供養物，恭請上師昇座，備置所施飲食，再請餓鬼入壇，頂禮三寶，再象徵性地施彼飲食，然後再為他們說法，令彼等對以往所造種種惡業發慚愧、懺悔之心，並授淨戒，令彼奉持，方名救拔。

七十、問：

據說有人有了神通功能，但不許顯現，這是為了什麼？

◎答：

「神通」有兩種：一種是諸佛菩薩的大神通；一種是外道的小神通。

小神通是在人的六根——眼、耳、鼻、舌、身、意以及六塵——色、聲、香、味、觸、法的互動上作手腳，使之產生異樣互動的效果。心的六種識與六根以及六塵互動時，叫十八界觸，一切「相」（現象）由此而生。佛陀告訴我們：「凡所有相，皆是虛妄。」（《金剛經》）

一切相都是以心聚緣而生的，心息則緣散，緣散則相滅，如露如電，如夢幻泡影，不能常住，故是無常，無有眞實，故云「虛妄」。

而外道愛現神通，既不能度眾生出離生死，又不能令有情開啓正見，因此，在佛陀眼裡，只不過是爲了名聞利養，而乍現異相，嘩衆取寵，欺誑衆生，邪命自活，自取地獄之因果，故爲諸佛菩薩所訶。

故知，所謂「外道五通」，並不眞「通」，充其量也不過和魔術師的伎倆或迷幻藥的效果相似而已。

大神通是大聖（佛陀）慈悲威神力之體現，能通達一切衆生心中所不通者。蓋爲一切衆生心邪迷、顚倒、虛妄、欺誤、以致表裡不通，人我不通，高下不通，彼岸此岸不通，古往今來不通，生死不通，覺迷不通故，諸佛菩薩垂潛救拔，現大神通力，令諸衆生因睹神變之相，而受此慈悲威神力感動震撼，但有不通達處，一時盡通。

《大乘大般涅槃經》中，提到緣覺辟支佛，因「辭有礙、樂說有礙」，因此「爲欲度衆，唯現神通。」例如當年甘地以自身的慈悲力，同時調發了印度人和英國人心中最光明的一面，把一場幾乎不可避免的獨立運動戰爭，化險爲夷，變成轉化和滅度雙方人民心中瞋恨的力量，不僅爲「以惡不能止惡」一法作了示現，更點燃了全世界人民心中對「無傷害」一法的信心。

可見，爲欲度衆，而現神通，是佛所許。若不能以神通力度衆，定屬外道之神通，則「不許現」。

七十一、問：什麼叫「真如」？真如和靈魂是不是一回事？真如等不等於智慧？怎麼樣才能顯現真如？

◎答：

先看「如」字：平常我們說，我不「如」你，或表裏一「如」，或「如」實報導，這個「如」字的意思就是「等於」、「一樣」、「相符合」。在佛法中「如」字指的是「平等不二」。

「眞如」指的是眞正平等不二。而常提到的「眞如心」是指把我們的心，修證到與眞實平等不二，也就是與眞理完全相契相合的境界，那其實正是我們清淨心的「本來面目」。因此，它跟一般宗教、外道所說的「靈魂」，不是一回事。

唯有依佛智，才能發明眞如心地，因此，智慧是眞如的因緣，眞如是智慧的果，兩者是因緣果報關係，故眞如不等於智慧。

發大願，定要將此心修成與最高眞理相契相合，平等不二，即是發無上正等正覺心，亦即是發阿耨多羅三藐三菩提心，也就是發明眞如心地，依此眞如心，破滅一切虛妄分別邪見，正見諸法實相，這才是「眞如心的顯現」。

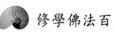

七十二、問：什麼是生緣慈悲？什麼是法緣慈悲？什麼是無緣慈悲？

◎答：

這三種慈悲的正確定義要說清楚，頗費周章。在此簡單界定一下：所謂「生緣慈悲」，指的是有眾生緣的關係，也就是有血緣以及血緣利害關係所起的慈悲。從「母子同心」、「夫妻同體」的慈悲向外擴大，一直到同姓、同鄉、同族、同國等等，都屬「生緣慈悲」。

「法緣慈悲」指的是依法而起的慈悲。從於同法同遵的彼此互動關係，乃至依佛法擴大到對六道眾生的慈悲，叫做「法緣慈悲」。

既不依眾生緣，又不依法緣，而於一切時、一切處，對一切人、事、物，無條件而行的平等大慈、同體大悲，叫作「無緣慈悲」。這是證得阿耨多羅三藐三菩提（無上正等正覺）者，才能有的慈悲。

七十三、問：

我不想起妄念，妄念自然就來了，怎麼都沒有辦法。現在我知道這是心裡有執著的緣故。還希望能得到大善知識開示，教導我該如何滅度妄念？

◎答：

妄念是末法時期學佛人最大的頭痛，所以我們試著用種種辦法，例如唸佛、唸經、持咒、打坐、參禪、禮佛等等來熄滅妄念。

想解決這個問題，我們首先應該看看佛陀當年是如何教導他的弟子對治妄念的。如果不弄清楚佛陀的教法，而聽信後來佛法進入末法時期，一些佛弟子自己研究出來的心得或「法門」，靠這些來熄滅妄念，恐怕效果不彰。

事實上，老實一點的人，就能體察到自己是一面唸佛，一面起妄念；一面打坐、唸經、禮佛、參禪，一面起妄念。妄念是隨時在起，而不是偶而才起的。

眾生的心，本就是專門製造妄念的機器。妄念的生起，是因為這個虛妄分別心不能被降服，好比機器運作不停，不能關機。要想熄滅虛妄分別心，一定要起平等性心。從菩薩道來說，要修到六地菩薩位才行，因為六地菩薩主修般若波羅蜜多，能盡除二邊，把所有的邊見、邪見都滅度掉，這時得平等性智，能完全降服虛妄分別心，妄念就不起了。

假如從如來正教的次第而言，要從四法印、十二因緣法、四聖諦、三十七道品修起，修到正見、正念、正定，妄念就不起了，也就是說，要把三十七道品修完，才能完全停止妄念。

七十四、問：在還沒修完三十七道品，還沒修到六地菩薩位時，難道就沒有辦法對治妄念了嗎？

◎答：

也不是，如來還是教給我們具體的次第，以及善巧的方便法門。

這個方便法門就是持上十善法戒。能持上十善法戒，就表示能持心道三戒，而妄念都是從持不上心道三戒產生出來的，根源還是在虛妄分別心。由虛妄分別心才生憍慢邪見、嫉妒和瞋恚。也就是說，一個虛妄分別心，起三大類妄念，就是憍慢邪見、嫉妒和瞋恚。

在這三種妄念之中，以憍慢邪見的問題最嚴重，它是一切妄念的總指揮，由此產生五種惡見（身見、邊見、邪見、見取見、戒禁取見）。而五種惡見之下的妄念，就千百萬種了，因爲我們心的本來面目是無量無邊無盡的，所以能製造產生的妄念也是無量無邊無盡的。

弄清楚了妄念產生根本的原因，就能持上心道三戒，那十善法戒也就持上了。這時表示我們有能力看住憍慢邪見，令憍慢邪見不起，妄念就不容易生了。這是一個能圈制住妄念的善巧方便的辦法。

七十五、問：

極樂世界到底有無生死？

◎**答：**

據《無量壽經．第十六品》：「或得須陀洹，或得斯陀含，或得阿那含、阿羅漢。」

又據《佛說四十二章經》首章：「阿那含者，壽終靈神上十九天，証阿羅漢；次爲斯陀含，斯陀含者，一上一還即得阿羅漢；次爲須陀洹，須陀洹者，七死七生，便証阿羅漢。」

故知極樂世界亦有生死。

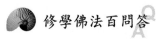

須信：唯有眞入涅槃（成佛），方能出離生死，而極樂世界多有「眾生」，眾生者：眾生眾死也。

七十六、問：極樂世界到底還有沒有苦？

◎答：

據《無量壽經．第四十一品》：「由聞佛名，起信心故，雖生彼國，於蓮花中，不得出現……然於五百歲中，不見三寶，不得供養奉事諸佛，遠離一切殊勝善根，以此為苦。」

又據《大乘大般涅槃經．聖行品》：「善男子，一切眾生於下苦中，橫生樂想……菩薩摩訶薩，以苦樂性不相捨離，是故說言一切皆苦……生死之中，實無有樂。」

七十七、問：

既有生死，則有諸苦，既然是苦，佛陀為何復說是樂？

◎答：

《涅槃經．聖行品》曰：「生死之中，實無有樂，但諸佛菩薩隨順世間，說言有樂。」

七十八、問：極樂世界到底有多樂？

◎答：

據《維摩詰所說經・香積佛品》：「彼土無有聲聞、辟支佛名，唯有清淨大菩薩眾，佛爲說法。」這比起極樂世界中尚有聲聞，尚有五百歲受苦的蓮生者，以及更下劣的胎生者，豈不殊勝許多？

又據《無量壽經・第十八品》描寫極樂世界之樂曰：「所處宮殿、衣服、飲食，猶如他化自在天王。」

他化自在天王，即是天魔波旬，其宮殿名曰「自在天宮」。未出欲界天，尚不及色界天，更未及無色界天。

《維摩詰所說經．佛國品》中，舍利弗抱怨釋迦牟尼佛的國土不淨，「穢惡充滿」。世尊和八地菩薩螺髻梵王都對他加以糾正教敕。

佛說：「舍利弗，眾生罪故，不見如來國土嚴淨，非如來咎。舍利弗，我此土淨，而汝不見！」

螺髻梵王則教訓舍利弗說：「勿作是念，謂此佛土以爲不淨。所以者何？我見釋迦牟尼佛土清淨，譬如自在天宮……仁者心有高下，不依佛慧，故見此土爲不淨耳！」

這麼說來，阿彌陀佛的極樂世界及釋迦牟尼佛的堪忍世界，應當是同樣殊勝，同樣快樂才對啊！

七十九、問：

《阿彌陀經》上說：「極樂國土衆生，生者皆是阿鞞跋致。」到底是什麼意思？

◎答：

「阿鞞跋致」在其他經典中亦譯成「阿唯越致」，其梵文爲AVITCHI與AVIVARTITA，原意是「沒有回頭路」，「不能迴轉」的意思，「阿鼻地獄」的「阿鼻」就是同一個字。但也可作殊勝解，引伸爲修行至不退轉境界，也就是第八地菩薩所處的「不動地」。

阿彌陀佛還說過：「我作佛時，十方世界所有衆生，令生我刹，皆具紫磨眞金色身，三十二種大丈夫相，端正淨潔，悉同一類。若形貌差別，有好醜者，不取正覺！」

「紫磨眞金色身」及「三十二相」是佛身相。

那麼，極樂世界中至今仍有眾生未能成佛，亦有種種不同形貌眾生，又作何解呢？

其實十方世界又有哪一佛不說：「一切眾生畢竟成佛」呢？

對諸佛所說法，應能分別它是「權說」還是「義說」，也就是要能分別佛陀當時說法時，是在隨順眾生心行說，還是究竟說。

若論究竟，當然是「一切眾生畢竟成佛」，但這中間又有種種修行次第，若不依如來正教及方便的次第，又有哪一個眾生能成佛呢？

八十、問：釋迦牟尼佛只勸此土衆生發願往生阿彌陀佛的極樂世界嗎？

◎答：

答：不對！

釋迦世尊也曾勸此土衆生發願往生東方世界藥師系列七佛國土（見《藥師佛本願經》）；也曾勸此土衆生發願往生無動如來的妙喜世界（見《維摩詰所說經．見阿閦佛品》）。

八十一、問：

唸佛往生西方淨土的法門，是針對此土衆生修行解脫最快、最容易、最有效的法門嗎？

◎答：

未必見得！

《佛說阿彌陀經》上分明言道：「不可以少善根，福德因緣，得生彼國。」不論《佛說阿彌陀經》或《無量壽經》都對往生極樂世界的必須條件有所陳述。首先，就是必須成爲「善男子」、「善女人」，這是必要前提。只有能信受奉持「十善法戒」者，方得名爲善男子、善女人也。

佛在《未曾有說因緣經》中說：「十善法戒」中的「心道三戒」，對世人來說並不容易，何以故？「世人薄福，樂少苦多，煩惱心重。」是故「人行十善，心道三戒，難爲護持。」可見，此土眾生要想成爲善男子、善女人，並不容易。其他條件還包括要發菩提心，還要「所有善根，心心迴向」，還要「入正定聚」不可以邪定往生等等，都不是很容易的。

因爲所謂「信進念定慧」是五種「善根」，以目前末法時期的佛教徒而言，光是第一種善根——正信之根就很難樹立，何況其他四種。

如《金剛經》所說：「若當末世，後五百歲，其有眾生得聞是經，信解受持，是人即爲第一稀有。」

可見正信之根難立，何況以五種善根「心心迴向」？針對此時此土眾生的福薄善淺，似乎「地藏法門」才是更快、最容易、最有效的法門。

因爲不論是何品何類，即使罪業深重，無有善根者，但稱頌地藏菩薩名號，瞻禮供養菩薩聖像，讀誦《地藏本願經》，立即能結上佛緣，獲得救贖，乃至最後究竟成佛。

其實，說到底，最有針對性，最快、最容易、最有效的法門，就正是《無量壽經》中所明白開示的：「汝等廣植德本，勿犯道禁，忍辱精進，慈心專一，齋戒清淨，一日一夜，勝在無量壽國爲善百歲！」

八十二、問：

阿彌陀佛第一大願中所說的：「……所有一切衆生，以及焰摩羅界、三惡道中來生我刹，受我法化，悉成阿耨多羅三藐三菩提，不復更墮惡趣。」是真的嗎？

◎答：

許多人讀這段經文都把要點抓錯了，要點不在「來生我刹」，要點在「受我法化」四個字。

不管受生任何一佛刹土，只要願受那一佛的法所教化，哪有不成就無上正等正覺的道理？

問題在於我們願不願受法受化。

八十三、問：阿彌陀佛的極樂世界真的比釋迦牟尼佛的娑婆世界容易修行嗎？

◎答：

其實，十方諸佛說法，一相一味，終無二說。我們要往別的佛那裡去聽法，就應當先問一問以下幾個問題：

一、別的佛的法，到底與釋迦牟尼佛的法有什麼不同？

二、釋迦牟尼佛的法，我們好好地學了嗎？

三、如果我們說：「此土佛法，我不能解。」有什麼保證我們能解其他佛的法呢？

四、我若不解佛法，可曾全力去尋找解正法的眞正善知識請教？
五、我今若不解此土佛所說法，是眞正不能解，還是未發深誓大願去解？
六、假如未發此深誓大願，能保證聽得懂別的佛所說的法嗎？
七、假如無此深誓大願，能往生得了嗎？
八、假若眞發了這個深誓大願，還一定不能解此土此佛所說的法嗎？
九、若受釋迦牟尼佛大法所化，就不能成就阿耨多羅三藐三菩提嗎？
十、非得往生某土，聽某佛說法才能得無上正等菩提嗎？

八十四、問：

我雖修學「淨土法門」，但很尊敬黃老師，您的書給我很多啓發和導引，不知您對修學淨土法門的朋友們，有什麼忠告？

◎答：

對於修學「淨土法門」的朋友們，我覺得應注意下面五個傾向：

一、《華嚴經》中，世尊及諸大菩薩一再警告，不得於諸佛、諸佛功德、諸佛國土妄起分別想，此即是謗佛，罪障無數。

《維摩詰所說經》中，眾香國來的菩薩們說：「世尊釋迦牟尼佛，隱其無量自在之力，乃以貧所樂法，度脫眾生，斯諸菩薩亦能勞謙，以無量大悲，生是佛土。維摩詰言：『此土菩薩，於諸眾生，大悲堅固，誠如所言。然其一世饒益眾生，多於彼國百千劫行。』

二、往生「極樂世界」，並未出離欲界天，因此，也未出離生死苦、未出三界火宅、未脫輪迴。只要是未入涅槃者，則不能算是出離生死。受生西方，也還得於西方受死，有生必有死故，直到證入「不生」才能「不滅」。

不能把極樂世界誤會成基督教的「天國永生」。其實，基督教的天國也沒有「永生」。

根據基督教的《聖經》，地獄的主人魔鬼撒旦，原先是天國中天使的首領，他因得罪了上帝，墮落下地獄去，可見連天使頭頭，都不能在天堂獲得「永生」，何況是人？

三、「唸佛往生極樂」的法門，並不像想像中那麼容易，事實上是難度較高的法門。光試著想想，誰眞能做到「七日七夜，一心不亂」？而且如果我們對釋迦牟尼佛四十九年來，種種苦口所開示的妙法，表現出這樣子的接受力和感激心，眞的相信死後能往生於那「不可以少善而得受生」的極樂世界嗎？這正是我爲某些淨土宗朋友們的擔心。

四、對漢傳佛教淨土宗某些觀點的不同意，並不表示對「三經」的非議。但我不能贊同「淨土三經」的提法，這三部經除非是假的，如不假，則是佛說，佛說此三經是爲一切大乘修行人，乃至爲一切眾生而說，那時漢傳佛教的「淨土宗」還未出世呢。

五、佛陀在許多經典中提到許多佛世界乃至天道的清淨、殊妙、快樂。但只有在清淨無餘究竟大涅槃中，才有不生不滅的眞常、眞樂、眞我、眞淨，餘處所稱的常、樂、我、淨，都是方便隨順說的，都是相對意義之下說的。

「世界」兩字也表示未能跨越時間與空間的限制，仍是有生有滅的。

我們似乎不應以一時隨順世間的相對說法，來排斥如來的正教的基本眞理，及四法印——無常、苦、空、無我。

佛陀每次法會的說法，都有一定的針對性，因此一切經都是有針對性的，我們似乎不應拿三部經來排斥其他一切佛所說法。
眾生不要佛，佛就示滅；眾生不要經，經就毀，法就滅。
佛陀示現受生地印度的情況正是這樣的。
以上是我個人讀經學佛的一些體會，提供給您參考。

八十五、問：

我雖然信佛，但還是停留在理論階段，並未從真修實證上獲得真實的信心，還未曾有讓我深信不疑的修證經驗。我一上座，念頭就襲來，打壓不見效；視而不見，置之不理也行不通；任運地觀照它，待會還會跟從它；制心一處，待會又跑神了。這樣鬧了一陣，倦意上來了，驅之不散，於是便下座了。我打坐總是這樣，實在找不到辦法對治，不知黃老師能否幫忙解決？

◎答：

您以前說過，您對宗喀巴大師很信服。他有一句名言：「若失次第，即成魔業。」這也可能是他開示兩本鉅著──《菩提道次第廣論》、《密宗道次第廣論》

的因緣。

是知，「次第」在修學佛學上極其重要。何以故？次第即因果故——上一個次第是因，下一個次第是果故。跳空了或錯亂了次第，即破壞了因果關係。

「打坐」是佛門修學禪定DYANA的功夫。初學者必須累積一定的資糧福報才能行得上去。換句話說，佛子必先得行過前面的次第，才能行得上禪定。

八十六、問：什麼是行得上禪定之前的次第呢？

◎答：

從《大乘大般涅槃經》中佛陀的開示來看，則是：一，近善知識；二，能聽法；三，思惟義；四，如說修行。

根據《大佛頂首楞嚴經》的示導，則是：「有佛出世……於彼佛發菩提心，彼佛教我：從聞、思、修，入三摩地。」

若按照《妙法蓮華經》的說法，則是：「開佛知見，示佛知見，悟佛知見，入佛知見道。」

若依《大乘大集地藏十輪經》，則是：「營福業輪」、「習誦業輪」、「修定業輪」。

何謂「善知識」？

若値佛興於世，則依止佛陀爲大善知識，若値佛前、佛後，則須依止善解如來正教及如來方便之出世明師爲善知識。

只有依止眞正善知識，才是眞實福田，才能爲我們開啓佛緣。

只有依止眞正善知識修學，才能見到正法的示現，才能受到正法的導引。

這個「法」即是如來正教、如來方便。

何謂如來正教？

所謂「四法印」、「十二因緣法」、「四聖諦」、「三十七道品」即是。

什麼是如來方便？

就是「六波羅蜜」再加上「慈、悲、喜、捨——四無量心」。這個「法」，就是佛之知見道，也就是我們必須時時習誦的佛陀所說經典。因親近善知識，得以開啓佛緣，由持戒修福，開闢眞實福田，便有資糧與正法相應，這便是「能聽法」。

聽了正法以後，要有一個相應、思惟、覺悟的過程，這就是「思維義」。如是才會於正法深生信心，並發大願，依法而捨一切不善法，並依法持戒。有信、有願、知捨、持戒，才能擴大心量，包容一切——「忍辱」。

於信、願、捨、戒、忍，而勇猛精進不懈，才能入於禪定境界。這就叫「如說修行」，又叫「入三摩地」，又叫「入佛知見道」，又叫「修定業輪」。

上面引述四部經典，雖然用了四種不同的表達方式，說的卻是同一個法，其次第皆同，只是從不同角度，不同層面切入，告訴我們修學禪定的次第罷了。

八十七、問：

若論修行禪定具體的內容與次第，大小二乘有哪些異同？

◎答：

小乘法，於發聲聞菩提心後，堅持聲聞戒律，先修學「四法印」，再修學「十二因緣法」及「四聖諦法」，然後直接進入修學「禪定」的次第，也就是在行、住、坐、臥中，按照「三十七道品」的次第修習，直到入於「滅盡定」，是爲圓滿成就。這也就是所謂的「如來正教」。

是知，「三十七道品」即是修學禪定的內容與次第。在修學的過程中，「打坐」當然是免不了的。

若依大乘次第，則是在實發阿耨多羅三藐三菩提心及大乘願後，依修學「檀（DANA）波羅蜜多」、「尸羅（SILA）波羅蜜多」、「羼提（KSANTI）波羅蜜多」、「毘黎耶（VIRYA）波羅蜜多」的次第而進入「禪（DYANA）波羅蜜多」。是故，大乘菩薩道於「第四地」時才主修「三十七道品」，此前從第一地到第三地，對三十七道品的功夫，淺嚐即止。《華嚴經》上說：「餘非不修，但隨分隨力。」

大、小二乘修行雖有上述之不同次第，但都必須先親近眞正善知識，必須跟善知識聞正法而起正信，然後在善知識前，發露懺悔過去種種惡業過失，再由善知識傳授「十善戒法」，堅決奉持「十善法戒」，能止惡行善之後，才成爲善男子、善女人，而唯有眞正的善男子、善女人，才有資格發起「菩提心」。

這時，依個人的善根福報及意願，可選擇發起不同的「菩提心」。

以個人解脫爲重的，發「聲聞菩提心」，依如來正教次第而行；以一切眾生解脫爲究竟解脫的，則發無上正等菩提心，依如來方便次第而行。

八十八、問：

如果不依照上述修學禪定的次第，就練習「打坐」的話，可能會發生什麼樣的情況？

◎答：

須知「打坐」並不是佛門獨有的修行法，外道各家、各派、各教都很盛行。道家及印度教都各有其打坐法門，修練的目的都不外是「延年益壽」、「長生不老」、「成仙升天」。

而佛教的禪定，求的是當阿羅漢、當菩薩乃至滅度一切眾生究竟成佛的。

要想練「打坐」，不管依大、小哪一乘法，都必須得先修學禪定以前的次第，才能夠累積足夠的福報資糧，否則，只能得出兩個結果：

一，盲修瞎練，練不出什麼名堂來。

二，幸好沒練出什麼結果，否則定墮入邪魔外道的黑坑中。

八十九、問：

如果我想好好依次第修學禪定，該從那裡著手呢？

◎答：

一，皈依三寶，找到眞正善知識。
二，依善知識，聽聞正法，深植正信之根。
三，從善知識盡懺前愆，受十善戒法，努力持戒修福。
四，於佛經典、於所聞法，深心思惟其眞實義，打開心門，無有排斥，全心與法相應。
五，依正法次第如說修行。
此即佛陀於《大乘大般涅槃經》中所說之「丈夫行」，行此法者定成眞正大丈夫，定能常處禪定境界中，亦即諸佛菩薩之謂也！

九十、問：

何謂「無明行」？

◎答：

《華嚴經》對「無明行」有兩個定義：一是不了於自性；二是不了於行。「行」是講自心的造作以及自心的領受，就是造業受報。換句話說，也就是自心所依的因緣果報。

一切眾生都「不了於行」，也就是不能明瞭自心是如何種因、攀緣、受果，以及如何答報所受之果，所以叫「無明行」，「無明行」就是「不了於行」。

所以若是眾生，就一定無明行，一定不了於行，更不能了於自性。若能離無明行，即不名眾生，則與諸佛菩薩同一類。

九十一、問：

怎樣才能「了於行」呢？

◎答：

要想「了於行」，就一定要學習佛法。佛法中有一個很重要的法門叫「十二因緣法」，能夠把我們心行的因緣果報正確發露、揭示、表達出來；也就是用一個高度概括性的辨法，把一切眾生心行的因緣果報總結爲「無明—行—識—名色—六入—觸—受—愛—取—有—生—老病死、憂悲苦惱」十二個環節。

所以只有依法修行十二因緣法，並正確掌握十二因緣法，就能掌握心行的因緣果報，這樣才能「了於行」。

九十二、問：

如果我們的心「念念了於行」，就不會造作惡因，聚惡緣乃至受惡果了，是嗎？可是怎樣才能作到「念念了於行」呢？

◎答：

是的。但要「念念了於行」，就不簡單了。必須按正法次第老實修行，才作得到──

(一)要修習十二因緣法。

(二)要修習「念力」，因爲必須是我們自心「念力」很強的時候，才能「念念了於行」。可是我們自心的念力如何能強呢？

如果「念根」不深種的話，念力就強不了。所以要深種念根，才能發起念力。但我們的念根在不在呢？

這就有問題了。因爲我們連「信」的問題都還未解決，正信之根都還沒有正確種下，還迷信於許多世間法，例如還相信金錢、科技、三不堅法，還相信己意己力，以至邪門外道、小神壇等，這些東西都使我們的正信之根種不下去。

正信之根種不下，就發不起信力。沒有信力，就不能發起大願。不能發起大願，就沒有願力。沒有願力，就沒有捨力、沒有布施力。沒有布施力，就沒有持戒力。沒有持戒力，就沒有忍力。

這一連串的「願、捨、戒、忍」力加起來，就叫做「念力」。

所以沒有念力是有原因的，是因爲信根的問題沒有解決。

要想「念念了於行」，就先要建立正信之根。深種正信之根以後，就能夠披上大願甲冑，能捨，如是建立進根，然後能戒、能忍，這時就可深種念根。有很深的念根時，就能發起念力。在很強的念力基礎下，才能「念念了於行」。

(三)修習了十二因緣法，又解決了「信、願、捨、戒、忍」的問題，累積了足夠的資糧，還要修習「三十七助道品」。

如何修習「三十七助道品」呢？

先修「四念處」。四念處的「念」，就是初種正信、正進、正念之根的意思。正信、正進、正念的根苗從這裡種下去，然後修習「四正斷行」，初步的能善分別善與不善法。再修「四定斷行神足」，開啓「善觀察因果報智」。

接下來修習「五根」。先修信根，再種進根，再修念根；念根種下，再種定根；定根種下，再種慧根。

有了五根，才能起「五力」。沒有信根，就不可能起信力；也不能種進根——大願與大捨；更沒有可能修念根——能戒、能忍，也就沒有念力。

如是次第分明。按正法次第老實修行，就能「念念了於行」。

九十三、問：

這樣聽起來，要能「念念了於行」，以我們現在的修行來說，還差得遠呢！怎麼辦呢？

◎答：

老佛爺慈悲，方便善巧地給我們送來了(一)三寶加持力(二)善友——「菩提心最近因緣」。依靠向三寶加持力的祈禱和善友的護持，幫我們不斷地提起正念，這就是我們的本錢。

若失掉三寶的加持和善友的護持，就會念念造業。爲什麼呢？《地藏本願經》中說：我們是末世南閻浮提眾生，習惡故，「起心動念，無不是罪，無不是業」。

所以要緊緊攀住這兩個佛緣，也就是把重點放在「他力」上，以「他力」時時幫我們提起正念。

而在一切「他力」中，唯以諸佛菩薩的智慧神通力及三寶加持力為最殊勝。所以我們祈求諸佛菩薩的加持，最方便的法門就是能及時發出「求救」的信號。求救時，就已承認己意不行了，己力錯了。因為這己力正是念念不了於行的力，正是念念造身口意三業而不自知、不自見的無明業力。

所以我們現在的重點要放在靠「他力」的接引上，有了這個本錢，就可以自覺自願地接引他力，並將他力轉為自心的實力。

自心有了實力，也就是「信、進、念、定、慧」五力，就能「念念了於行」了。

九十四、問：要怎麼樣才能步入修行的道路？

◎答：

天下任何一個想要修行的人，都有面臨「虎患」的問題：兩隻老虎作亂——一隻擋門虎；一隻攔路虎。修行人非得提起足夠的勇氣，當個打虎好漢，先殺死這兩隻老虎，才有希望踏上修行的道路。

殺虎還得有個先後次第，先殺擋門虎，再殺攔路虎。

什麼是擋門虎？發願不清淨。

什麼是攔路虎？持戒不清淨。

怎麼叫發願不清淨？

就是當時我們發願要依佛陀所揭示的眞理得解脫時，心中還有其他與此願無關的強烈訴求和逼迫。在學佛的路上，如果不肯自願自覺地去發露並清除這些夾雜的走私貨，不僅會雜染我們的本願，甚至會毒化、摧毀我們的本願。

怎麼叫持戒不清淨？

如果我們修行人持戒時，不純淨是爲了護念佛緣、法財、淨命而持戒，卻是夾雜了爲護念世間「三不堅法」——身、命、財而持戒，這樣持戒不只令戒不清淨，有時更令心中三毒增長熾盛。所謂：「布施供養福無邊，心中三惡原來造。」（《法寶壇經》）搞不好還會變成「口善心不善」，甚至會墮落到「貌似忠厚，內藏奸詐」的地步。

願不清淨，戒不清淨，隨時會令我們造下欺誑如來、欺誑衆生的地獄重罪。

想要依正法修行的人必須隨時自我檢查、自我警惕這兩隻老虎。

九十五、問：

什麼是魔？什麼是道場？

◎答：

魔是迷惑我們的力量；道場是修行人所安住之處。

九十六、問：

魔有幾種？

◎答：

略說一種，細分四種——天魔、死魔、煩惱魔、五蘊魔。

初學者先從一種說起，就是那一種迷惑我們的力量；就是那種引誘逼迫我們去行邪惡的力量。爲了深入認識這種力量，須從四個不同的角度和層面切入，故說四種魔。修學「十二因緣法」後，四種魔又變回一種。降魔已，則沒有魔，魔變成了八地菩薩。

九十七、問：

道場有幾種？

◎答：

由一說二，由二說四，由四說二，最後由二歸一。

初學者道場在外，有經、有法、有善知識、有善友，是一個修行共同體。修佛法的有佛法道場，修外道的有魔法道場，故由一說二；修行增進，略見自心，則道場又分自心道場和修行共同體道場，故由二說四；由修行開啓般若智慧力故，初入不二法門，見內外一如，人我不二，則由四歸二；深入不二法門，具足般若智慧力故，得降魔已，則無有魔，亦無有魔之道場，心量廣大，猶如虛空，無有邊畔，自心與宇宙齊等，則由二歸一。

九十八、問：

為什麼把魔和道場連在一塊兒說？

◎答：

在道場裡幹的事就是降魔，換句話說，修行即是降魔，降服了魔，就不再需要修行了。大乘法中的菩薩道即是降魔道，是同義辭。

九十九、問：

魔長得是個什麼樣？

◎答：

和道場一樣，魔也分內外。自心魔和自心道場一樣，無形無相。外魔則隨時隨地於一切人、事、物中現形現相。我們所見到的一切苦相、惡相、欺誤相、虛妄相、顛倒相都是魔在現形現相。

可惜我們經常不肯誠實勇敢地去認眞觀察這些相，乃至於顛倒誤認：苦相是樂相，樂相是苦相；惡相是善相，善相是惡相；欺誤相是忠誠相，忠誠相是欺誤相；虛妄相是眞實相，眞實相是虛妄相；顛倒相是正確相，正確相是顛倒相。

這一切「顛倒夢想」的表現，都是魔力在起作用，也就是魔在現相。

一百、問：怎樣作好自降魔，自莊嚴道場？

◎答：

莊嚴道場爲的就是要降魔。

好比戰場上一位領兵的將軍，一定要莊嚴道場，才能得勝。如何莊嚴戰場？

一，遵奉原定的戰略、戰術來進行兵力的佈置安排。

二，平日嚴格訓練部隊的戰鬥力，培養團結、協作和士氣。

三，下令士兵磨利武器，披掛嚴實，擺好陣勢。

四，下令進攻，奮勇殺敵。

菩薩是「降魔聖戰」的總司令；他的「戰場」即是道場；他的「戰略」，就是他平日修學的「總持法門」；他的「戰術」，就是他平日修學的種種「佐助法」；他效忠的國王，就是如來法王；他麾下各軍將領及友軍，就是他的善友、善知識；他的士兵就是一切眾生；他士兵的戰鬥力，就是一切眾生追求眞善美的本願，和認同光明快樂的善根；他的陣勢兵力布署，就是依正法次第修學；他的甲冑，就是信、願、捨、戒、忍、勇、定、慧諸根；他的武器——降魔杵，就是信、願、捨、戒、忍、勇、定、慧諸力；他的總進攻令，就是實發「大乘願」和「阿耨多羅三藐三菩提心」。

一切佛子應如是自降魔，自莊嚴道場。

簡介「東山文集」

黃勝常老師從一九九三年到二零零一年，共出版了十六本有關修學佛法的書，現收編爲「東山文集」。

這十六本書是：

一《優曇鉢花再現》
二《爲什麼不問爲什麼》
三《撥開雲霧—問難一》
四《歸途的路燈—問難二》
五《打破枷鎖—問難三》
六《破陣—問難四》
七《稠林盡處—問難五》
八《明心見性》
九《地藏本願經經法研探及標注》
十《用心眼看世界》

十一《用心眼看自己》
十二《地藏本願經—白話講解及地藏法門》
十三《未曾有說因緣經—白話講解及經法研探》
十四《學持戒》
十五《佛法與人生百問答》
十六《修學佛法百問答》。

計分爲「黃老師解經」、「黃老師開講」、「黃老師答問」和「黃老師法語」四大類。

這套「東山文集」，已於二零零一年秋，由北京民族出版社全部出版完畢，並發行大陸各地的書店一系列銷售中。

台灣方面，則於一九九九和二零零零年，由臺南和裕出版社出版了第一到第九本書，由臺北紅螞蟻圖書公司出版了第十、第十一兩本書。二零零一年，再由臺北紅螞蟻圖書公司出版第十二到第十六書。

感謝紅螞蟻圖書公司，在極短的時間，以嚴謹的工作，緊密的配合，出版了最新的五本書，使「東山文集」順利完成。

如果您讀了這些書，有任何的疑問，可以聯絡「東山講堂臺北工作室」或「美國東山講堂」，做進一步的討論。

東山講堂臺北工作室地址：
臺北市106仁愛路四段50-21號4樓
電話：(02)2708-3272
傳眞：(02)2754-9704
E-mail:dstpe@ms27.hinet.net

美國東山講堂地址：
Dong Shan Institute
23811, 122nd Ave. E.,
Graham, WA98338
U.S.A.
電話：(360)893-8814
傳眞：(360)893-8816
E-mail:dongshaninst@msn.com

東山講堂編輯部

位於美國華盛頓州西雅圖東南郊區的東山講堂

東山講堂面對終年積雪的雲霓山

國家圖書館出版品預行編目資料

修學佛法百問答／黃勝常著─初版─臺北市　東山講堂，
民91
面：　　公分─（東山文集：5）

ISBN 986-80086-4-6（平裝）
1.佛教─問題集
220.22　　　　　　　　91000098

東山文集005
修學佛法百問答

作者：黃勝常
編輯：東山講堂編輯部
出版：東山講堂
地址：臺北市106仁愛路四段50-21號4樓
電話：(02)2708-3272
傳真：(02)2754-9704
E-mail：dstpe@ms27.hinet.net
郵撥帳號：18707016
戶名：劉怡孫

定價：180元
出版日期：2002年（民91）4月　第一版第一刷
總經銷：紅螞蟻圖書有限公司
地址：台北市內湖區舊宗路二段121巷28號4樓
電話：(02)2795-3656
傳真：(02)2795-4100
ISBN：986-80086-4-6